Der Tod der Philosophie, das Ende der Geschichte, das Ende des Menschen, des Subjektes, des Abendlandes, des Fortschritts, der Menschheit – Diskurse über das Ende durchziehen das abendländische Denken. In seiner kleinen Schrift „Von einem neuerdings erhobenen vornehmen Ton in der Philosophie“ greift Kant diejenigen an, „die verkünden, dass es seit zweitausend Jahren mit der Philosophie ein Ende habe“, und unternimmt es, den vornehmen Ton zu entmystifizieren. Doch die aufklärerische Grenzziehung gegenüber einem apokalyptischen Diskurs, so zeigt Derrida, entfesselt ihrerseits bloß wieder „eine andere Welle eschatologischer Diskurse in der Philosophie“. Für die deutsche Ausgabe stellte Derrida einen zweiten Text zu aktuellen Versionen des apokalyptischen Diskurses zur Verfügung: „No Apocalypse, not now“. Ein Text über atomare Endzeitvisionen und die Politik der Abschreckung.

Jacques Derrida (1930–2004) lehrte Philosophie in Paris und in den USA.

APOKALYPSE

PASSAGEN FORUM

Jacques Derrida
Apokalypse

Aus dem Französischen von
Michael Wetzel

Passagen forum
herausgegeben von
Peter Engelmann

Passagen Verlag

Titel der Originalausgabe:
D'un ton apocalyptique adopté naguère en philosophie
Pas d'apocalypse, pas maintenant (à toute vitesse, sept missiles, sept missives)
Aus dem Französischen von Michael Wetzel

Die Deutsche Bibliothek verzeichnet diese Publikation in der Deutschen Nationalbibliografie; detaillierte bibliografische Daten sind im Internet über http://dnb.d-nb.de abrufbar.

ISBN 978-3-7092-0460-3
5., durchgesehene Auflage 2021

http://www.passagen.at
Grafisches Konzept: Gregor Eichinger
Satz: Passagen Verlag Ges. m. b. H., Wien
Druck: Ferdinand Berger & Söhne GmbH, Horn

Inhalt

Von einem neuerdings erhobenen apokalyptischen Ton in der Philosophie

Ich werde also von einem apokalyptischen Ton in der Philosophie sprechen.

Die Septuaginta hat uns eine Übersetzung von *gala'*[1] hinterlassen. Man nennt es die Apokalypse.

Auf Griechisch würde *apokalypsis* die Übersetzung der Wörter darstellen, die von dem hebräischen Verb *gala'* abgeleitet sind. Ich beziehe mich dabei, ohne mich dadurch zu autorisieren, auf Angaben von André Chouraqui, auf die ich noch zurückkommen werde. Aber ich muss schon jetzt soviel vorwegnehmen: Die Geschichten oder Rätsel der Übersetzung, von denen mir erzählt wird und in die ich mich aus Gründen, die noch schwerwiegender sind als meine Inkompetenz, verstricken möchte, scheinen mir ausweglos.

Das wird mein Thema[2] sein, das heißt mehr als ein Thema, eine Aufgabe (die *Aufgabe des Übersetzers*[3], eine treffende Bestimmung Benjamins), von der ich mich nicht freisprechen werde.

Jean Ricardou hat mich neulich, als wir gerade vom Übersetzen sprachen, darum gebeten, noch etwas mehr über das zu sagen, was ich von einer Gunst [*grâce*] angedeutet hatte, die jenseits der Arbeit, dank [*grâce*] der Arbeit aber ohne sie gegeben sei. Ich sprach damals von einer *Gabe* [*don*] die „*es gibt*",[4] die es aber vor allem nicht *letzten Endes* [*en fin de compte*] in der Verantwortung zu erwerben gibt. Man muss übersetzen, und man darf nicht übersetzen. Ich denke hier an das *double bind*[5] von YHWH, wenn er mit dem von ihm selbst gewählten, also sozusagen mit seinem Namen, Babel, aufgibt *zu übersetzen und nicht zu übersetzen.* Und niemand entzieht sich mehr seither der doppelten Aufforderung [*double postulation*].

Ich möchte nun Jean Ricardou folgendes antworten, und ich werde es in Form einer verkürzten Danksagung für das tun, was mir hier gegeben, zu denken gegeben oder einfach gegeben wird, und zwar über das Denkbare hinaus, das heißt – wie man auf Deutsch sagen würde – über alles Gedenken und einiges Danken[6] hinaus, gegeben von unseren Gastgebern in Cerisy, von Philippe Lacoue-Labarthe und Jean-Luc Nancy,[7] von Ihnen allen mit so viel Arbeit und so viel Gunst, so viel Gunst in der Arbeit: Dem Versuch [*épreuve*] der Übersetzung käme die Gunst vielleicht dann zu, wenn die Schrift des anderen Sie zeitweise vom endlosen *double bind* freispricht und zuvor, und dies ist ja die Bedingung für eine Gabe, sich davon freispricht, entbindet und selbst leicht und schuldlos wird, sie, die Sprache der Schrift, jene gegebene Spur, die immer vom anderen kommt, selbst dann, wenn es niemand ist. Sich von der Schuld der Gabe, von der gegebenen Gabe, vom Geben selbst freizusprechen, das ist die Gunst, die ich Ihnen jetzt zugestehe, die ich Ihnen auf jeden Fall wünsche. Sie bleibt immer unwahrscheinlich, man beweist sie nie. Aber muss man nicht trotzdem glauben, dass es geschieht [*arrive*]? Vielleicht war es das eben, gestern, der Glaube selbst.[8] Um es anders zu sagen: Für das, was Sie mir während dieser zehn Tage hier gegeben haben, danke ich Ihnen nicht nur, ich vergebe[9] Ihnen auch. Wer aber könnte sich dazu berechtigen, jemandem zu vergeben? Sagen wir, dass ich an Ihrer Stelle um Vergebung bitte, Sie selbst und für Sie selbst um Vergebung bitte.

Apokalypto war sicherlich ein gutes Wort für *gala'*. *Apokalypto,* ich entdecke [*decouvre*], ich enthülle [*dévoile*], ich offenbare [*révèle*][10] die Sache, die ein Körperteil, der Kopf oder die Augen, sein kann, ein geheimer Teil, das Geschlecht, oder was auch immer da verborgen zu halten ist, ein Geheimnis, die zu verbergende Sache, eine Sache, die weder gezeigt noch gesagt, die vielleicht bedeutet wird, aber zunächst nicht dem Augenschein preisgegeben werden kann oder *darf. Apokekalymmenoi logoi,* das sind anstößige Reden. Es geht also um das Geheimnis und die *pudenda.*[11]

Die griechische Sprache erweist sich hier dem hebräischen *gala'* gastlich. Wie André Chouraqui in seiner kurzen *Einleitung zur Apokalypse* des Johannes, von der er kürzlich eine neue Übersetzung vorgelegt hat,* in Erinnerung ruft, kehrt das Wort *gala'* mehr als hundert Mal in der hebräischen Bibel wieder. Und es scheint in der Tat apokalypsis zu besagen, das Entdecken,

---

* Natürlich eine Übersetzung aus dem Griechischen, aber unter Bedingungen, die ich hier präzisieren muss, zumal, da im Verlaufe der Diskussion noch von ihnen die Rede sein wird, und da es sich hier um das handelt, was man die Aneignung [*appropriation*] der Apokalypse nennen könnte: Auch das ist Thema meiner Darstellung. Der einzigartige Versuch Chouraquis besteht insgesamt darin, für die Apokalypse des Johannes ebenso wie für das gesamte Neue Testament eine neue hebräische Originalfassung unterhalb des uns zur Verfügung stehenden griechischen Textes wiederherzustellen, und *so zu tun* als ob er diesen *phantomhaften* Originaltext übersetze, von dem er unterstellt, dass er

Enthüllen, der von der Sache gehobene Schleier: zunächst, wenn man so sagen kann, vom Geschlecht des Mannes und der Frau, aber auch von den Augen und den Ohren. Chouraqui führt weiter aus, dass „man das Ohr von jemandem entdeckt, indem man das Haar oder den Schleier, die es bedecken, hebt, um ihm ein Geheimnis einzuflüstern, eine Rede, die so verborgen ist wie das Geschlecht einer Person. Auch die Macht oder Herrlichkeit von YHWH können sich dem Blick oder dem Ohr des Menschen entdecken. Nirgends aber", schließt der Übersetzer, sich ebenso aufs Griechische

---

linguistisch und kulturell schon der Übersetzung – wenn man so in einem weitgehend metaphorischen Sinne sagen darf – in den original genannten griechischen Text zugrunde gelegen haben muss. „Die Übersetzung, die ich veröffentliche, und die von der Hinterlassenschaft traditioneller Versionen zehrt, hat zur Bestimmung, unter dem griechischen Text seinen historischen Kontext und sein semitisches Substrat zu suchen. Eine derartige Vorgehensweise ist heute möglich ..." Sie verläuft laut Chouraqui über eine „aramäische und hebräische Rückbeziehung" des als „Filter" genommenen griechischen Textes. Die historischen Übersetzungen des Neuen Testaments ins Aramäische oder Hebräische werden hier folglich eine unentbehrliche, aber nur vermittelnde Rolle gespielt haben. „... selbst wenn der Text sich auf griechisch ausdrückt und, was Jesus betrifft, auf einem Aramäisch oder auf einem (mishnaischen, rabbinischen oder qumranischen) Hebräisch basiert, deren Spuren längst verwischt sind, so bezieht sich doch das Denken der Evangelisten oder Apostel in allerletzter Konsequenz auf das Wort von YHWH, das heißt, in ihrer Sicht, auf die ganze Bibel. Das Wort YHWH ist es, welches man beim Analysieren des griechischen Textes wiederfindet, selbst wenn man zuvor durch einen aramäischen Filter oder durch den der Übersetzung der Septuaginta hindurch muss ... Ausgehend vom griechischen Text und der Kenntnis der Übersetzungstechniken vom Hebräischen ins Griechische sowie

wie aufs Hebräische beziehend, „hat das Wort *Apokalypse* folglich den Sinn, den es schließlich im Französischen und anderen Sprachen angenommen hat: fürchterliche Katastrophe. So ist die Apokalypse im wesentlichen eine Kontemplation (*hazon*) [und tatsächlich übersetzt Chouraqui das, was wir gewohnt sind, die *Apokalypse des Johannes* zu nennen, durch *Kontemplation des Jochanaan*] oder eine Inspiration (*neboua*) der Schau, der Entdeckung von YHWH und, in diesem Kontext, von Yeshoua, dem Messias."

Man hätte vielleicht – und einen Augenblick lang habe ich daran gedacht – alle Bedeutungen zusammenstellen oder herausstellen sollen, die sich um dieses hebräische *gala'* herum drängen, angesichts der Säulen und Kolosse

---

der hebräischen Resonanzen der Koine, habe ich bei jedem Wort, bei jedem Vers versucht, den semitischen Grund zu berühren, um dann ins Griechische zurückzukehren, das notwendigerweise um eine neue Substanz bereichert wiederzufinden war, bevor ins Französische übergegangen wurde." So sieht das Projekt aus, das sich durch eine *doppelte Autorität* empfiehlt, die nach und nach „die Quasi-Einstimmigkeit der Exegeten", „die große ökumenische Strömung", oder den „Ökumenismus der Quellen" evoziert. Aus verschiedenen Gründen werde ich hier nicht direkt die Autorität dieser Autoritäten diskutieren. Was aber die Sprache [*langue*], den Text, das Ereignis oder die Bestimmung und so weiter betrifft, so hätten die Fragen, die ich heute vorschlagen möchte, sich nicht entfalten können, wenn die Begründung solcher Autorität sich hinter der Undiskutierbarkeit hätte verbergen müssen. Eine zweite Konsequenz dieser Vorsicht: Wenn ich öfters auf die Übersetzung von Andre Chouraqui verweisen werde, so nicht wie auf eine *autorisierte* Übersetzung. [Als *Koine* wird die gemeinsame Sprache des Griechischen bezeichnet, die sich als offizielle Version aus den verschiedenen Dialekten herauskristallisiert hat und in der auch das Neue Testament verfasst ist. *A. d. Ü.*]

Griechenlands, angesichts des Galaktischen unter all den Milchstraßen, den *milky ways,* deren Konstellation mich neulich so fasziniert hatte. Seltsamerweise hätte man da Bedeutungen wiedergefunden wie: Stein, Steinrollen; Zylinder, Pergament- und Bücher-Rollen, einbindende oder verzierende Rollen, vor allem aber, und das möchte ich für den Augenblick festhalten, die Idee von Entblößung, genau von apokalyptischer Enthüllung, von Entdeckung, die das sehen lässt, was bis dahin umhüllt, zurückgezogen, zurückbehalten blieb, zum Beispiel der Körper, wenn man die Kleidung aufhebt, oder die Eichel, wenn man bei der Beschneidung die Vorhaut zurückzieht. Und das Bedeutsamste an all den biblischen Stellen, die ich wiederfinden konnte, hier jedoch leider nicht anführen kann, scheint mir zu sein, dass die Geste des Entblößens oder Zeigens, die apokalyptische Bewegung hier bedenklicher, zuweilen schuldiger und gefährlicher ist als das, was daraus hervorgeht und das, wozu sie Veranlassung geben kann, zum Beispiel dem Beischlaf. So als Noah, in der Genesis (IX, 21), sich in seinem Zelt berauscht und entblößt, sieht Ham das Geschlecht seines Vaters; und seine beiden Brüder, denen er es berichtet, kommen, Noah zu bedecken, wobei sie sich abwenden, um nicht sein Geschlecht zu sehen. Noch ist dort das Moment der Enthüllung nicht das an einem Beischlaf am meisten schuldige Moment. Als aber YHWH, zu Moses sprechend, eine gewisse Anzahl sexueller Verbote aufstellt, da sieht es allerdings so aus, als rührte das Vergehen wesentlich von der Enthüllung her, die etwas zeigt. So in Moses III (XX, 11, 17): „Der Mann, der mit der Frau seines Vaters schläft / hat das Geschlecht seines Vaters entblößt. / Beide sollen getötet werden. … Der Mann, der seine Schwester nimmt, / Tochter seines Vaters oder Tochter seiner Mutter: der sieht ihr Geschlecht, / sie sieht sein Geschlecht: / das ist ein Inzest." Doch ist selbstverständlich die schreckenserregende und heilige Gewichtigkeit dieser apokalyptischen Enthüllung nicht geringer, wenn es sich um die Macht von YHWH handelt, um seine Herrlichkeit oder die Ohren, die sich seiner Offenbarung öffnen. Und die Aufdeckung eröffnet nicht nur die Vision oder Kontemplation, sie gibt nicht allein zu sehen, sondern auch zu hören.

Ich verzichte vorläufig auf eine Interpretation aller Übereinstimmungen zwischen dem hebräischen *gala'* und dem griechischen *Apokalyptischen.* Diese Übereinstimmungen sind zahlreich und gewaltig, und sie tragen das große Konzert der Übersetzungen, selbst wenn sie Unstimmigkeiten, Abweichungen oder Verfälschungen nicht ausschließen.

Um diese Übereinstimmungen und Unstimmigkeiten von selbst her ertönen zu lassen, habe ich mich dazu entschlossen, zu Ihnen vielmehr von einem neuerdings erhobenen apokalyptischen Ton in der Philosophie zu sprechen. Sicherlich war es meine Absicht, auf diese Weise den bekannten Titel einer vielleicht weniger bekannten kleinen Schrift Kants, *Von einem neuerdings erhobenen vornehmen Ton in der Philosophie* (1796),[12] zitathaft zu imitieren, aber auch in eine Gattung [*genre*][13] zu verwandeln und dann zu parodieren, zu verschieben, zu deformieren. Was aber passiert mit einem Titel, wenn man ihn dieser Behandlung unterzieht? Wenn er auf diese Weise der Kategorie einer Gattung zu gleichen beginnt, das heißt hier einer Gattung, die wiederholt über diejenigen spottet, die sich affektiert benehmen [*se donnent un genre*]?

Als ich diesen Entschluss traf, wünschte ich auch, denjenigen entgegenzukommen, die in einem Seminar dieser Dekade ihre Arbeit gerade auf das Verhältnis zu jener gewissermaßen kantischen Zäsur im Zeitablauf der Philosophie konzentriert haben.

Aber ich habe mich noch durch eine andere Sache verführen lassen. Die Beachtung des Tons, welcher nicht allein den Stil ausmacht, scheint mir ziemlich selten zu sein. Man hat kaum den Ton als solchen untersucht, vorausgesetzt, dass es möglich ist und dass man es nie getan hatte. Die Unterscheidungsmerkmale [*signes distinctifs*] eines Tons sind schwer zu isolieren, selbst wenn sie in aller Reinheit existieren, was ich vor allem in einem geschriebenen Diskurs bezweifle. Was kennzeichnet einen Ton, einen Tonwechsel oder eine Tonunterbrechung? Woran erkennt man eine tonale Differenz innerhalb desselben Korpus? Auf welche Züge [*traits*] soll man sich bei der Analyse verlassen, auf welche Zeichengebung [*signalisation*], die nicht wieder stilistisch, noch rhetorisch, natürlich auch nicht thematisch oder semantisch wäre? Die extreme Schwierigkeit dieser Frage, das heißt dieser Aufgabe, tritt noch deutlicher hervor, wenn es sich um Philosophie handelt. Denn besteht nicht der Traum oder das Ideal des philosophischen Diskurses, der philosophischen Rede [*allocution*] und Schrift, die als Repräsentation ersterer betrachtet wird, darin, die tonale Differenz unhörbar werden zu lassen und mit ihr ein Begehren, einen Affekt oder ein Szenisches, die den Begriff zur Schmuggelware [*contrebande*] machen? Der philosophische Diskurs muss die Neutralität oder zumindest die unerschütterliche Ruhe, die die Beziehung zum Wahren und Allgemeinen zu begleiten hat, garantieren und zumal durch das, was man die Neutralität des Tons nennt. Wird es infolgedessen möglich sein, den Ton eines Philosophen oder vielmehr – die Präzisierung ist wichtig – des sich als Philosoph Bezeichnenden oder Wähnenden herauszuhören oder herauszuspüren [*détecter*]?

Und wenn man es uns versprochen hat, wäre man da nicht verpflichtet, all die Züge, die in einem Korpus noch nicht oder nicht mehr philosophisch sind, all die bedauerlichen Abweichungen von der atonalen Norm der philosophischen Rede hervorzuheben?

Wenn nun auch Kant die in der Geschichte der Philosophie außerordentliche Kühnheit gehabt hat, sich systematisch für einen gewissen Ton in der Philosophie zu interessieren, so muss doch sogleich die Lobrede, die man ihm deshalb halten möchte, nuanciert werden. Zunächst ist es nicht sicher, ob er großen Wert darauf legt oder es daraufhin anlegt, das reine Phänomen einer Tonalität zu analysieren; wir werden es untersuchen. Zum anderen analysiert er weniger einen Ton in der Philosophie, als dass er eine *Manier* sich hervorzutun denunziert; nun ist dies eine Manier oder ein Manierismus, der ihm nicht gerade von einem besonders guten Ton in der Philosophie zu zeugen scheint und der folglich schon eine Abweichung von der Norm des philosophischen Diskurses kennzeichnet. Ja schlimmer noch: Er macht dafür einen Ton verantwortlich, der etwas ankündigt wie den *Tod der Philosophie*.

Der Ausdruck ist von Kant und erscheint zweimal in dem Pamphlet von zwanzig Seiten; beide Male steht dieser Tod im Zusammenhang mit der Idee einer übernatürlichen Offenbarung, einer Vision, die eine mystische Schwärmerei oder zumindest eine visionäre

Haltung hervorruft. Beim ersten Mal handelt es sich um eine „*übernatürliche Mitteilung*“ oder „*mystische Erleuchtung*“,[14] die ein Substitut oder Supplement, ein Surrogat des erkennbaren Gegenstandes verspricht: „was dann *der Tod aller Philosophie* ist“ [ebenda]. Und gegen Ende des Textes warnt Kant vor der Gefahr einer „*schwärmerischen Vision*“, die wiederum „*der Tod aller Philosophie ist*“.[15]

Auch Kants Absicht zeigt sich am Ton, den er wählt, an den Effekten, die er anstrebt, an seinem polemischen oder satirischen Schwung. Es ist eine Sozialkritik, und ihre Prämissen haben einen im eigentlichen Sinne politischen Charakter. Aber wenn er einen Ton, der den Tod aller Philosophie ankündigt, ins Lächerliche zieht, so ist es nicht der Ton selbst, der sich verspottet findet. Denn was ist das überhaupt, der Ton selbst? Ist er etwas anderes als eine tonale Unterscheidung, Differenz, die sich nur noch übertragen [*par figure*][16] auf einen Sozial-Code, auf die Sitten einer Gruppe oder Kaste, auf die Verhaltensweisen einer Klasse bezieht, das heißt vermittelt durch eine große Anzahl von Übertragungen, die nichts mehr mit der Höhe [*hauteur*][17] der Stimme oder des Timbres zu tun haben? Obgleich, wie ich es im Augenblick nahegelegt habe, die tonale Differenz nicht als wesentlich philosophisch gilt, so ist es dennoch nicht die Tatsache, dass es einen vornehmen Ton gibt, tonale Kennzeichnung gibt, was für Kant allein den Tod aller Philosophie ankündigt, sondern es ist ein gewisser Ton, eine bestimmte Modulation, die gesellschaftlich codiert ist, um diese oder jene Feststellung zu treffen. Der Hochmut des Tons, den er mit seinem Spott überhäuft, bleibt ein metaphorischer Hochmut. Jene Leute sprechen hochmütig, sie erheben wie Laut-Sprecher [*haut-parleurs*] die Stimme, aber dies lässt sich nur übertragen und in Bezug auf soziale Zeichen sagen. Kant abstrahiert niemals vom Inhalt. Trotzdem – und die Tatsache ist bei weitem nicht unbedeutend –, wenn ein Philosoph zum ersten Mal so weit geht, vom Ton anderer sogenannter Philosophen zu sprechen, wenn er so weit geht, dieses Thema aufzugreifen und es bei seinem Namen [*titre*] selbst zu nennen, so um vor dem Tod der Philosophie zurückzuschrecken und sich über ihn zu entrüsten.

Er stellt jene vor Gericht, die durch den Ton, den sie anschlagen, und den Ausdruck [*air*], den sie beim Sagen gewisser Dinge annehmen, die Philosophie in Lebensgefahr bringen und der Philosophie und den Philosophen das Bevorstehen ihres Endes verkünden. Dabei ist das Bevorstehen nicht weniger wichtig als das Ende. Das Ende ist nahe, scheinen sie zu sagen, was ausschließt, dass es schon statt hat, gewissermaßen wie in der Apokalypse des Johannes das Bevorstehen des Endes oder des jüngsten Gerichts nicht ein gewisses „Du bist tot", „Hab acht!" ausschließt, dessen Ergehen [*dicté*] unmittelbar der Anspielung auf einen „zweiten Tod" folgt, der den Sieger nicht ereilen wird.

Kant ist sich sicher, dass diejenigen, die in diesem Ton sprechen, sich davon einigen Vorteil versprechen, und das ist es, was mich zunächst interessiert.

Welchen Vorteil? Welche Verführungs- oder Einschüchterungsprämie? Welchen sozialen oder politischen Vorteil? Wollen sie Angst machen? Oder wollen sie Freude bereiten? Wem oder wie? Wollen sie erschrecken? Erpressen? Durch ein Übermaß an Genuss verlocken? Widerspricht sich das? In Hinblick auf welche Interessen, auf welchen Zweck [*à quelles fins*][18] wollen sie hinaus mit diesen erregten Verkündungen des nahenden oder schon eingetretenen Endes? Das ungefähr ist es, worüber ich heute zu Ihnen sprechen möchte: von einem gewissen Ton und von dem, was der Philosophie als ihr Tod zustößt, von der Beziehung zwischen diesem Ton, diesem Tod und dem Vorteil, mit dem diese eschatologische Mystagogie offensichtlich rechnet. Eschatologie besagt *eschaton*, Ende oder vielmehr Extrem, Grenze, Abschluss, Letztes, das, was *in extremis* kommt, um eine Geschichte abzuschließen, eine Genealogie oder einfach eine abzählbare Serie.

Mystagogen, das ist das Wort und der Hauptangeklagte Kants. Bevor ich nun zu meinem Gesprächsthema vorstoße, werde ich einige paradigmatische Züge der Anklageschrift Kants vorwegstellen, das heißt paradigmatische und kontraparadigmatische, denn, indem ich wiederhole, was er tut, komme ich vielleicht dahin, das Gegenteil zu tun – oder besser etwas anderes.

Die Mystagogen bilden eine Szene, das ist es, was Kant interessiert. Aber in welchem Augenblick treten die Mystagogen auf und das zuweilen in einem Zustand von Trance? In welchem Augenblick beginnen sie damit, die Mysteriösen zu spielen?

In dem Augenblick, wo die Philosophie, genauer, der Name der Philosophie *seine erste Bedeutung*[19] verloren hat. Und diese anfängliche Bedeutung, daran zweifelt Kant keinen Augenblick, ist das „rationale savoir-vivre“, buchstäblich eine *wissenschaftliche Lebensweisheit*, die sich nach einem Wissen oder einer Wissenschaft richtet. In dem Augenblick, wo der Name der Philosophie seine ursprüngliche Bedeutung oder Beziehung [*référence*] verliert, bemächtigen sich die Mystagogen des nunmehr leer oder rechtlos gewordenen Namens, dieses Pseudonyms oder Kryptonyms, das zunächst ein Homonym ist.

Und es bleibt nicht aus, dass es auf regelmäßige, wiederholte Weise, also hier nicht zum ersten Mal geschieht, seitdem der Sinn verloren ist. Kant interessiert sich sicherlich des Näheren für einige neuere Beispiele dieser mystagogischen und psychagogischen Hochstapelei, aber er geht bereits am Anfang davon aus, dass die Usurpation wiederholt erfolgt und einem Gesetz gehorcht. Es hat immer und wird immer philosophische Mystifikationen geben, Spekulationen über das Ende und den Zweck[20] der Philosophie. Das hängt ab von einem Ereignis, das Kant selbst nicht datiert und das er in nächster Nähe zum Ursprung anzusiedeln scheint, dass nämlich der Name der Philosophie ohne seinen ursprünglichen Bezug, das heißt ohne seine *Bedeutung* [i. O. d.] und ohne Garantie seines Wertes zirkulieren kann. Noch ganz in der kantischen Axiomatik gewissermaßen verbleibend, kann man schon hieraus folgern, dass nichts Böses passiert wäre, keine mystagogische Spekulation glaubwürdig oder wirksam geworden wäre, nichts und niemand den philosophischen Ton verfehlt hätte, wenn der Name nicht so weit von der Sache abgeschweift wäre und das Verhältnis [*rapport*] zwischen dem Namen der Philosophie und seinem ursprünglichen Sinn gegen jede Störung gesichert gewesen wäre.

Es bedurfte also wohl irgendeiner Lockerung im Verhältnis zwischen dem Zeichen und der Sache, um den Raum einer Sinnentstellung oder die Empfänglichkeit für eine Verkehrung [*perversion*] zu eröffnen. Der Bezug [*référence*] war also zu locker, dort, wo er strikter, straffer, rigoroser hätte sein sollen. Ich möchte Ihnen hier eine Assoziation mitteilen, die vielleicht nur am Wortlaut [*verbale*] festgemacht zu sein scheint – aber der Mangel an Strenge und Anspannung bei der Verlautbarung [*verbalisation*] hat uns ja bereits beschäftigt: Es fiel mir ein, dass *tonos*, der Ton, in erster Linie ein gespanntes Band bezeichnete, die Schnur, das Seil, das gewebt oder geflochten ist, das Tau, der Gurt, kurz die bevorzugte Figur von allem, was einer *Striktur*[21] unterworfen ist. *Tonion* ist das Band im Sinne einer Binde und eines chirurgischen Verbandes. Dieselbe Spannung durchzieht insgesamt die tonische[22] Differenz [*différence tonique*] (die unter der Bezeichnung Striktur zugleich das Thema und Instrument bildet, das Seil der Totenglocke [*Glas*])[23] und die tonale Differenz, die Abweichung, der Wechsel oder Wandel der Tonart (Hölderlins *Wechsel der Töne*,[24] der eins der hartnäckigsten Motive von *Die Postkarte*[25] bildet). Von diesem Wert der Spannung oder Triebfeder (zum Beispiel in einer ballistischen Maschine) kommt man zur Idee der tonischen Akzentuierung, des Rhythmus, der Tonart (dorisch, phrygisch und so weiter). Die Höhe des Tons ist an die Spannung gebunden, steht in Verbindung mit dem Band, der mehr oder weniger straffen Spannung des Bandes. Es reicht nicht aus, um den Sinn des Wortes *Ton* zu erfassen, dass man nur von der Stimme ausgeht; um so weniger noch, wenn sich der Ton eines Diskurses oder einer Schrift durch eine Vielzahl tropischer Figuren und Verschiebungen in Ausdrücken des Inhalts, der Aussageweisen, der Konnotationen, der rhetorischen Inszenierung und der eingenommenen Haltung, das heißt in semantischen, pragmatischen, szenografischen usw. Ausdrücken, kurz sich also kaum oder keineswegs nur durch das Vernehmen einer Stimmhöhe oder einer Qualität des Timbres bestimmt. Damit möchte ich diese Abschweifung schließen.

Das Band, das den Namen der Philosophie an seine Bedeutung bindet, muss sich also wohl gelockert haben, so dass der philosophische Titel regelmäßig zur Verfügung stand, wie ein einfaches Ornament, ein Dekor, ein Schmuck oder eine *Ausschmückung*,[26] ein usurpierter Signifikant, der von denen, die Kant nichtsdestotrotz Denker nennt – und zwar sozusagen außergewöhnliche [*hors du commun*][27] Denker –, als intellektuelle Travestie behandelt wird.

Diese Leute stellen sich außerhalb der Gemeinschaft, aber sie haben doch eines gemeinsam: Sie sagen von sich, dass sie in unmittelbarem und intuitivem Bezug zum Mysterium stehen. Und sie wollen zum Mysterium und durch das Mysterium anziehen, verführen, anführen. *Mystagogen*, das genau ist es: ins Mysterium einführen, einweihen, was die Funktion des Mystagogen oder einweihenden Priesters ist. Diese *agogische*[28] Funktion als Menschenführer, als *duce*, *Führer* [i. O. d.], *leader* stellt ihn über die Masse, die er mittels einer kleinen Anzahl von Adepten lenkt, die zu einer Sekte mit einer Geheimsprache zusammengeschlossen sind, zu einer Bande, einer Clique oder einer kleinen Partei mit ihren ritualisierten Praktiken. Die Mystagogen behaupten, das Vorrecht eines geheimen Mysteriums (*Geheimnis* [i. O. d.] ist das am häufigsten vorkommende Wort) wie einen Privatbesitz innezuhaben. Die Offenbarung oder Enthüllung des Geheimnisses kommt nur ihnen zu, und sie wachen eifersüchtig darüber. Die Eifersucht ist hier überhaupt ein hervorstechender Zug. Niemals teilen sie das Geheimnis dem anderen in der geläufigen Sprache mit, sondern nur durch Initiation oder Inspiration. Der Mystagoge ist *philosophus per initiationem* oder *per inspirationem*.[29] Kant zieht eine ganze differenzierte Liste und eine historische Typologie dieser Mystagogen in Betracht, erkennt aber bei allen einen gemeinsamen

Zug wieder: Sie versäumen nie, *sich für Vornehme zu halten*,[30] für Elitewesen, für ausgezeichnete, höhere Subjekte, die sich abseits von der Gesellschaft halten. Von daher ergibt sich eine Reihe von Wertgegensätzen, auf die ich hier nur kurz aufmerksam machen möchte: Sie nehmen Arbeit, Begriffe, Schulmäßigkeit von oben herab und glauben Zugang zu dem zu haben, was ohne Mühe, unentgeltlich, einfach durch Anschauung [*intuition*] oder Genie und ohne Schule gegeben ist. Sie sind Anhänger [*partisans*] der intellektuellen Anschauung, und man könnte das ganze kantische System in dieser Schmähschrift wiedererkennen, was ich aber nicht weiter verfolgen werde. Der hierarchisierenden Entgegensetzung von Gabe und Arbeit, von Anschauung und Begriff, *geniemäßiger und schulmäßiger*[31] Weise entspricht homolog der Gegensatz zwischen einer Aristokratie und einer Demokratie, eventuell zwischen einer demagogischen Oligarchie und einer authentischen, vernünftigen Demokratie. Herren und Knechte: Der Vornehme erlangt mit einem Satz und nur durch Gefühl das, was ihm unmittelbar gegeben ist, das Volk aber arbeitet, erarbeitet, entwirft.

Und damit nähern wir uns dem sich zuspitzenden Problem des Tons. Kant gibt nicht der wahren Aristokratie, den wirklich, „*vornehmen*“[32] Personen, dem authentischen Stand die Schuld, sondern allein denen, die sich für vornehme Wesen ausgeben oder halten, das heißt der Großtuerei jener Anmaßenden, die die Stimme erheben und den Ton in der Philosophie hochmütig machen. Kant beschuldigt nicht den Hochmut des vornehmen Tons, wo er angemessen, natürlich oder gerechtfertigt ist. Er nimmt jenes Steigen der Tonhöhe aufs Korn, zu dem ein Emporkömmling sich berechtigt, indem er sich hervortut und usurpierte Zeichen einer sozialen Zugehörigkeit zur Schau trägt. Die Satire zielt also auf die Mimik und nicht auf den Ton selbst, denn ein Ton kann nachgeahmt, falsch, aufgesetzt sein, ja ich würde sogar so weit gehen zu sagen, dass er *synthetisiert* werden kann.

Aber was unterstellt die Fiktion des Tons? Wieweit kann sie gehen? Ich werde die Interpretation an dieser Stelle ein wenig über einen Kommentar hinaus forcieren und beschleunigen. Ein Ton kann angenommen und vom anderen übernommen sein. Um seine Stimme zu ändern oder die Intonation des anderen nachzuahmen, muss man zwei Stimmen, die des anderen und notwendigerweise die des anderen in sich vermischen beziehungsweise eine Vermischung beider herbeiführen können. Wie aber lassen sich die Stimmen des anderen in sich unterscheiden? Anstatt mich direkt auf dieses immense Problem einzulassen, komme ich auf den kantischen Text zurück und auf eine Figur, die zur geläufigen Rhetorik und zu den abgegriffen zu nennenden Metaphern zu gehören scheint. Es handelt sich um die Unterscheidung zwischen der Stimme der Vernunft und der Stimme des Orakels (vielleicht hallt darin, ohne dass ich sicher bin, darauf zu antworten, die Frage, die Aufforderung oder Bitte wider, die Jean-Luc Nancy[33] neulich an mich stellte).

Kant hat Nachsicht mit den hochgestellten Personen, die sich der Philosophie widmen, selbst wenn sie es schlecht machen, die Verstöße wider die Schule vervielfältigen und glauben, bis zu den Spitzen der Metaphysik vorzudringen. Sie haben eine gewisse Ehre darin, dass sie sich dazu herabgelassen haben, sich unter die anderen zu mischen und „auf dem Fuß der *bürger-*

lichen Gleichheit"[34] zu philosophieren. Dagegen ist es unverzeihlich, wenn die Berufsphilosophen vornehm und groß tun. Ihr Verbrechen ist eigentlich politischer Natur und unterliegt der Zuständigkeit einer Art von Polizei. Etwas weiter spricht Kant von der „*Polizei im Reich der Wissenschaften*".[35] Sie soll – symbolisch – nicht allein die Individuen überwachen und bestrafen, die sich unberechtigt den Titel Philosoph verleihen und den vornehmen Ton in der Philosophie an sich reißen und sich mit ihm schmücken, sondern auch diejenigen, die sich um jene versammeln; denn dieser Hochmut [*morgue*], mit dem sie sich auf den Gipfeln der Metaphysik einrichten, diese geschwätzige und ansteckende Arroganz gibt Anlass für Zusammenkünfte, Ordensgemeinschaften und Gruppierungen. Man könnte diesen Traum von einer Polizei des Wissens in Verbindung bringen mit dem Plan eines universitären Gerichtshofes, der in *Der Streit der Fakultäten* vorgestellt wird. Er war dazu bestimmt, die Streitfälle zwischen der vorläufig niederen philosophischen Fakultät und den Fakultäten zu schlichten, die die höheren genannt werden, weil sie die Macht repräsentieren, deren offizielles Instrument sie sind (Theologie, Recht, Medizin). Dieser Gerichtshof ist zugleich ein Parlament des Wissens, und die Philosophie, die das Recht auf Einsicht(nahme) in alles hat, was die Wahrheit der theoretischen Aussagen (Konstativa)[36] betrifft, die aber keine Macht hat Anordnungen zu erteilen, sitzt dort auf der linken Seite; und bei Streitigkeiten, die die praktische Vernunft angehen, hat sie nur die Autorität zur Behandlung formaler Fragen, während die anderen, lebenswichtigeren Fragen der Zuständigkeit der höheren Fakultäten, insbesondere der Theologie, unterstehen. In der uns hier beschäftigenden Anklageschrift wird den Berufsphilosophen deshalb nicht verziehen, wenn sie einen vornehmen Ton annehmen, weil sie, indem sie so den Ton erheben, sich über ihre Berufs- oder „*Zunftgenossen*"[37] erheben, das heißt sie in ihrem unveräußerlichen Recht auf Freiheit und Gleichheit in Sachen der bloßen Vernunft verletzen. Und sie tun dies genau – darauf wollte ich hinaus –, indem sie die Stimme der Vernunft verkehren [*pervertissent*], das heißt indem sie die beiden Stimmen des anderen in uns, die Stimme der Vernunft und die Stimme des Orakels, vermischen. Diese Leute glauben, dass man in der Philosophie nicht zu arbeiten brauche: dass es genüge, „*nur das Orakel* in sich selbst an[zu]hören"[38] (– so Kants erste Worte).

Diese Stimme, die zu ihnen im Geheimen [*en privé*] spricht, und zwar durch das hindurch, was eigentlich ihr idiomatisches Gefühl, ihr Wunsch oder ihre Lust ist, lassen sie sagen, was sie wollen. Die Stimme der Vernunft dagegen lässt man nicht irgendetwas sagen. Die letzten Worte des Pamphlets lauten: Die „*Stimme eines Orakels*" ist immer geeignet für allerlei „*Auslegungen*"[39]. Die mystagogischen Priester sind auch Interpreten; das Element ihrer agogischen Macht ist die hermeneutische oder hermetische Verführung, und man denkt hier an das, was Warburton von der politischen Macht der Priester-Entzifferer der Hieroglyphen und der Schreiber im alten Ägypten sagte.[40] Der vornehme Ton beherrscht und wird beherrscht von der Orakelstimme, die die Stimme der Vernunft überdeckt, genauer sie stört [*parasite*], sie zum entgleisen oder delirieren[41] bringt. Den Ton anheben heißt in diesem Fall, ihn springen lassen, heißt, die innere Stimme, die Stimme des anderen in uns, delirieren lassen. Delirium, das ist ein Wort, das einmal auf Latein auftaucht, um den Vers eines mittelalterlichen Mönches zu zitieren (*Quaerit delirus, quod non respondet Homeros*),[42] und zum anderen Mal in der, wie ich finde, hier etwas forcierten aber interessanten französischen Übersetzung für ein Wort, das mich noch weit mehr interessiert und das Verstimmung[43] lautet.

„*Verstimmung der Köpfe zur Schwärmerei*". Der vornehme Ton rechtfertigt sich durch einen „*salto mortale*", ebenfalls ein Ausdruck Kants, einen Übersprung von Begriffen ins Undenkbare oder Unvorstellbare, eine dunkle Vorwegergreifung des mysteriösen, aus dem jenseits gekommenen Geheimnisses. Dieser Sprung in die Vorerwartung einer Vision ohne Begriffe, diese dem zutiefst verschlüsselten [*crypté*] Geheimnis entgegengebrachte Ungeduld entbindet eine poetisch-metaphorische Schwärmerei [*surabondance*]. Sie hat in diesem Maße sehr wohl eine Affinität zum Apokalyptischen, aber Kant spricht dieses Wort nie aus, aus Gründen, die wir gleich ahnen werden. *Verstimmen* [i. O. d.], was Guillermit nicht ohne Grund mit *Delirieren* übersetzt, wird zunächst bei Saiteninstrumenten gebraucht und, oder auch, zum Beispiel bezüglich der Stimme. Es lässt sich gemeinhin auch von einem Klavier sagen. Weniger streng bedeutet es verstören, verwirren, trüben. Man deliriert, wenn man im Kopf verwirrt ist. Die *Verstimmung* [i. O. d.] kann eine *Stimmung* [i. O. d.] verderben: die Leidenschaft oder Laune verschlechtert sich infolgedessen. Die *Verstimmung* [i. O. d.], von der wir hier sprechen, ist mehr eine soziale Störung und eine Verwirrung beziehungsweise Verstimmung der Saiten und Stimmen im Kopf. Der Ton springt und steigt in die Höhe, wenn die Stimme des Orakels Sie beiseite nimmt, zu Ihnen in einem Privat-Code spricht, Ihnen Geheimnisse einflüstert, indem sie Ihnen die Ohren aufdeckt und zugleich die Stimme der Vernunft trübt, überdeckt oder stört, welch letztere zu jedem und zu allen in derselben Sprache [*langue*] spricht. Die „*Stimme der Vernunft*", sagt Kant, spricht zu jedermann „*deutlich*"[44] und gewährt Zugang zu einer wissenschaftlichen Erkenntnis. Und das ist wesentlich, um Anordnungen zu geben und vorzuschreiben, denn wenn wir die Zeit hätten, die ganze interne und spezifisch kantische Notwendigkeit dieser Denkschrift herauszuarbeiten, müssten wir den den Mystagogen gegenüber gemachten Einspruch bis in seine extremen Feinheiten hinein verfolgen. Sie vermengen nicht nur die Stimme des Orakels mit der der Vernunft, sie unterscheiden auch nicht zwischen der reinen spekulativen Vernunft und der reinen praktischen Vernunft, sie glauben zu *erkennen*, was allein *denkbar* ist, und durch das bloße Gefühl zu den allgemein gültigen Gesetzen der praktischen Vernunft zu gelangen. Es gibt also eine Stimme der praktischen Vernunft, die nichts beschreibt, die nichts Beschreibbares sagt, sondern die diktiert, vorschreibt, gebietet. Kant nennt sie auch auf Latein: *dictamen rationis*. Obgleich sie die Autonomie begründet, ist das Gesetz, das sie diktiert, so wenig einer freien Interpretation fähig, als wenn es vom ganz anderen in mir käme. Es ist eine „eherne Stimme", sagt Kant. Sie erklingt in jedem Menschen, denn jeder Mensch findet in sich die Idee der Pflicht, die in ihm derart stark erklingt, ihn im Innersten derart durchdringend und nachwirkend, ja sogar wie ein Donnerschlag trifft, dass der Mensch *zittert* [i. O. d.], wenn er diese eherne Stimme hört, die aus der Höhe ihrer Majestät ihm gebietet, seine Triebe aufzuopfern, den Verlockungen zu widerstehen, auf seine Wünsche zu verzichten. Und die Stimme verspricht mir nichts dafür, sie sichert mir keinen Ersatz zu. Sie ist erhaben darin, sie gebietet, weist an, fordert, befiehlt, ohne etwas dafür zu bieten, sie donnert [*tonne*] in mir, um mich zittern zu machen, und erregt so die größten Fragen, das größte „*Erstaunen*“ [i. O. d.] [*étonnement*]. Das ist das *wahre* Mysterium. Kant nennt es ebenfalls „*Geheimnis*“ [i. O. d.], aber es ist nicht mehr das Geheimnis der Mystagogen. Es ist das zugleich vertraute [*domestique*], intime und transzendente Geheimnis, das „Geheimnis“ der praktischen Vernunft, der Erhabenheit des Gesetzes und der moralischen Stimme. Die Mystagogen verkennen dieses *Geheimnis*,[45] sie vermengen es mit einem Geheimnis der Vision und der Berührung, während das moralische Gesetz sich niemals sehen oder anfassen lässt. In diesem Sinne ist das *Geheimnis* des moralischen Gesetzes mehr dem Wesen der Stimme verbunden, die gehört aber nicht berührt oder erblickt wird und die sich so jeder äußeren Anschauung zu entziehen scheint. Aber selbst in seiner Transzendenz ist die moralische Stimme näher und folglich selbst-affizierender, autonomer. Das moralische Gesetz ist also akustischer [*auditive*], hörbarer [*audible*] als das mystagogische Orakel, das noch von Gefühl, Erleuchtung oder anschauender Vision, von Kontakt und einem „*mystischen Takt*“[46] beherrscht ist. Der vornehme Ton klingt falsch, weil er dem Wesen der Stimme fremd ist.

Warum habe ich in einem gewissen Augenblick meiner Lektüre eines vornehmen Tons Lust gehabt, dieses Stück dem Dossier, wenn ich so sagen darf, von *Die Postkarte* hinzuzuschlagen? Oder genauer, es dem, was dort *Dossier*[47] heißt, einzuordnen, zwischen dem Wort und der Sache, dem Wort *Dossier*, das vollgestopft ist mit all den Rückseiten [*dos*], deren Zeichen und Silbe die *Sendungen* auf jeder Seite interpunktieren, hinter dem Rücken von Sokrates[48] und auf der Rückseite der Postkarte, all den Wörtern mit do [*en do*][49], und der Rückenlehne des Sessels, des Wandschirms zwischen Platon und Sokrates, wenn letzterer unter dem Diktat jenes zu schreiben scheint? Es ist nicht allein wegen der Mischung oder dem *Wechsel der Töne* [i. O. d.], der in jenem Buch zugleich Thema und Manier ausmachte. Es ist auch nicht wegen des Wortes und der Sache der „Apokalypse", die dort mit zahlenlogisch obsessiver Regelmäßigkeit und der Insistenz der Zahl 7 wiederkehrt, die bereits die Apokalypse des Johannes skandiert. Der Unterzeichner der *Sendungen* macht sich über das lustig, was er „meine Apokalypse der Postkarte", unsere „kleine Bibliotheksapokalypse"[50] nennt. Es ist auch nicht eine Satire über die akademische Philosophie. Nein, was den Punkt meiner Lektüre eines „vornehmen Tons" anbelangt, den ich dem Dossier von *Die Postkarte* hinzuschlagen möchte, so betrifft er die Mühe [*mal*], die Platon Kant macht, die unermüdliche Rhetorik, um zwischen dem guten und dem schlechten Platon zu unterscheiden, dem wahren und dem falschen, seinen authentischen und seinen mehr oder weniger zuverlässigen oder apokryphen Schriften.

Mit anderen Worten: seinen Briefen.[51] Kant will Platon zugleich anklagen und entschuldigen wegen dieser fortgesetzten Katastrophe, die die Philosophie, den strengen Bezug des Namens und der Sache „Philosophie" verdorben hat, um schließlich auf diese missklingende *Verstimmung* [i. O. d.] hinauszulaufen. Wegen des Deliriums in der Philosophie will er ihn anklagen *und* verteidigen, man könnte sagen, im gleichen Atemzug eine doppelte Prozessvertretung übernehmen. Das *double bind* beherrscht noch die Filiation: Platon ist der

Vater des Deliriums, *der Vater aller Schwärmerei mit der Philosophie*,[52] aber *ohne seine Schuld.* Aus diesem Grunde muss man Platon teilen, muss man zwischen dem Akademiker und dem mutmaßlichen Autor der Briefe, dem Lehrenden und dem Briefsteller unterscheiden. „Platon der Akademiker ward also, obzwar ohne seine Schuld (denn er gebrauchte seine intellektuellen Anschauungen nur *rückwärts* zum *Erklären* der Möglichkeit eines synthetischen Erkenntnisses a priori, nicht *vorwärts*, um es durch jene im göttlichen Verstande lesbare Idee zu *erweitern*" – der unschuldige Platon, das ist der Vater Kants, es ist ebenso die Postkarte* eines Selbstbildnisses Kants, er ist nicht der Vater des Deliriums), „der Vater aller Schwärmerei mit der *Philosophie.* Ich möchte aber nicht gern den (nämlich ins Deutsche übersetzten) Platon den *Briefsteller* mit dem ersteren vermengen" [ebenda].

Die kleine Schrift Kants, die in der *Berliner Monatsschrift* erschien, war als Kampfschrift gegen einen gewissen Schlosser gedacht, der gerade die Briefe Platons übersetzt hatte in einem Werk mit dem Titel: *Platons Briefe über die syrakusische Revolution mit einer Einleitung und Anmerkungen* (1794). Kant scheint Schlosser *direkt* zu denunzieren, wenn er sich auf Platon und gewisse esoterisch genannte Doktrinen von ihm beruft; *indirekt* aber, so weiß man, will er Jacobi treffen. Und das Unerträgliche an diesem Platon dem Briefsteller ist die aristokratische Esoterik – Kant zitiert jenen Brief, der empfiehlt, die Geheimnisse nicht unter der Menge

---

* Ich denke an jene Büste Kants „auf griechische Art" (Emanuel Bardou, 1798), die auf einer Postkarte eines Berliner Museums reproduziert ist.

zu verbreiten –, eine Kryptophilie, die mit einer mystischen Interpretation der Mathematik verbunden ist. Der große Einsatz im Wettkampf zwischen Platon und Kant ist offensichtlich die philosophische Interpretation der Mathematik. Platon, der die geometrischen Figuren bewundert wie Pythagoras die Zahlen, hätte die Problematik der Synthese *a priori* nur geahnt und sich zu schnell in eine Mystik der Geometrie so wie Pythagoras in eine Mystik der Zahlen geflüchtet. Und diese mathematisch denkende Mystik, diese götzenhafte Verehrung der Figuren und Zahlen geht immer Hand in Hand mit Phänomenen der Sektenbildung, der Geheimpolitik, selbst der abergläubischen Theophanie, die Kant der rationalen Theologie gegenüberstellt. Natürlich gehören Zahlendeutung, mystische Erleuchtung, theophane Vision zur apokalyptischen Welt, und ich merke an dieser Stelle beiläufig an, dass die Experten häufig diesen oder jenen Text Platons dem weitläufigen und übervollen Korpus der apokalyptischen „Gattung" vom persischen und zoroastischen Erbe bis zu den zahlreichen jüdischen und christlichen Apokalypsen integrierten, insbesondere den Mythos von Er in der *Politeia*. Dieser apokalyptische Korpus ist aber als solcher erst im 19. Jahrhundert gesammelt, identifiziert und untersucht worden. Folglich nennt Kant die Apokalypse nie in seinem Text, obwohl er eine kurze Anspielung in Klammern in *Die Religion innerhalb der Grenzen der bloßen Vernunft* macht, die drei Jahre zuvor erschien und die einer der am wenigsten verzichtbaren Kontextbezüge für das Verständnis des Essays *Von einem neuerdings erhobenen vornehmen Ton* ist. In dieser Klammer wird die Apokalypse in Erinnerung gerufen, um auf die Bestrafung der Schuldigen am Ende der Welt als Beschluss der Geschichte hinzuweisen (3. Stück, 2. Abteilung: *Historische Vorstellung der allmählichen Gründung der Herrschaft des guten Prinzips auf Erden.*[53] Vergleiche auch: *Der Streit der Fakultäten*[54]).

Diese Geheimpolitik ist zugleich eine Geheimpoetik, eine poetische Verkehrung [*perversion*] der Philosophie.

Und es geht wieder um den Schleier und die Kastration.

Vor acht Jahren habe ich eben hier über Schleier und Kastration, Priester-Interpreten [*inter-prêtres*], Hermeneutik und Hermetik gesprochen. „*Ich habe meinen Regenschirm vergessen*"[55] ist eine Aussage, die zugleich hermetisch und völlig offen, ebenso geheimnisvoll wie oberflächlich ist, wie die Apokalypse der Postkarte, die sie ankündigt und vor der sie schützt. Und an anderer Stelle, in *Glas* und *Economimesis*,[56] hatte ich auf die Verwicklung eines Isis-Schleiers hingewiesen, in den sich Kant und Hegel mehr als einmal eifrig verstrickt hatten. Ich werde mich, um den Faden dieser Verstrickung und der Behandlung der Kastration wiederaufzugreifen, mit Isis auseinandersetzen.

Kant sagt über den Schleier der Isis und die Kastration nichts, was beide sichtbar im Innern desselben hinweisenden Argumente aufeinander beziehen würde. Mir fällt nur eine Art tropische Kontinuität auf, aber der tropische Transfer, die Metaphorik und Analogie ist ja gerade unser Problem.

Die, nach Kant, Mystagogen der Moderne sagen uns nicht einfach, was sie sehen, berühren oder fühlen. Sie *ahnen*, antizipieren, nähern sich, wittern, sie sind Menschen der Vorahnung und der Spur. Sie sagen zum Beispiel, dass sie die Sonne ahnen, und zitieren Platon. Sie sagen, dass alle Philosophie der Menschen nur die

Morgenröte zeigen oder bezeichnen, dass aber die Sonne nur geahnt werden kann. Kant ironisiert diese Ahnung der Sonne und führt immer mehr Sarkasmen an. Diese Neuplatoniker geben uns nur das *Gefühl* oder die *Ahnung* einer *Theatersonne*,[57] eines letztlich künstlichen Glanzes. Und dann missbrauchen sie Metaphern, die *bildlichen Ausdrücke*,[58] um uns empfänglich für diese Ahnungen zu machen.

Hierfür ein Beispiel. Kant zitiert seine Gegner: „der Göttin Weisheit so nahe zu kommen, dass man das Rauschen ihres Gewandes vernehmen kann“ [ebenda]. Oder: „da er den Schleier der Isis nicht aufheben kann, ihn doch so dünne zu machen, dass man unter ihm die Göttin ahnen kann“ [ebenda]. Den Schleier der Isis aufheben, das ist hier das *aufheben* [i. O. d.], so dass man noch träumen kann zwischen dem *gala'* dieser *Aufhebung* [i. O. d.] und der apokalyptischen Enthüllung.

Kant schießt seine spitzen Pfeile ab: „wie dünne, fragt er, doch das wird hiebei nicht gesagt. Vermutlich nicht so dünn, das heißt noch dicht genug, dass man aus dem *Gespenst* [i. O. d., ebenda] hinter seinem Schleier oder seinem Tuch machen kann, was man will. Denn wenn der Schleier unendlich dünn und transparent wäre, dann gäbe es eine Vision, ein *Sehen* [i. O. d., ebenda], und das, so bemerkt Kant erbarmungslos, muss *vermieden* [i. O. d., ebenda] werden. Man darf vor allem nichts hinter dem Schleier sehen, nur ahnen. Unsere Mystagogen spielen also mit dem Gespenst und dem Schleier, sie ersetzen Evidenzen und Beweise durch *„Analogien“* und *„Wahrscheinlichkeiten“* [i. O. d., ebenda]; das sind ihre eigenen Worte, Kant zitiert sie und nimmt uns zum Zeugen: Sehen Sie selbst, das sind keine wahren Philosophen, sie greifen auf poetische Schemata zurück.

Das alles ist Literatur. Wir kennen diese Situation heute nur zu gut, und unter anderem wollte ich Ihre Aufmerksamkeit auch auf diese Wiederholung lenken. Nicht um Partei zu ergreifen – ich werde mich natürlich hüten – zwischen der Metapher und dem Begriff, der literarischen Mystagogie und der wahren Philosophie, sondern um zunächst die alte Verbundenheit dieser Antagonisten oder Protagonisten herauszuarbeiten.

Bedenken Sie nun, dass Kant das Wort oder das Bild der Kastration oder genauer der „*Entmannung*" [i. O. d., ebenda] zuvor als ein Beispiel für diese „Analogien" oder „Wahrscheinlichkeiten" hinstellt, mit denen jene „neuere mystisch-platonische Sprache"[59] zum Zwecke der Manipulation Missbrauch treibt. Er entnimmt sie zuerst einem Satz jenes Schlossers, der gerade die Briefe Platons übersetzt und eingeleitet hatte. Aus diesem Namen Schlosser hätte Nietzsche etwas machen können, so wie aus Schleiermacher den ersten hermeneutischen „Schleiermacher".[60] Schlosser, das ist der Schloss-Macher, der die richtigen und falschen Schlüssel herstellt oder bewahrt, aber auch derjenige, der mit der Schließung beauftragt ist, der abschließt und sich im Verschließen auskennt, geübt darin, dadurch recht zu sprechen, zu verschaffen und zu haben. Dieser Schlosser hatte also übertragen von einer „*Entmannung der Vernunft*" [i. O. d.] gesprochen und hatte dieser Entmannung wegen die „*metaphysische Sublimation*" [i. O. d.] angeklagt. In Kants Augen ist das eine unzulässige Analogie, missbräuchlich, weil sie dort eine Beweisstelle einnimmt, wo der Beweisgang einen „*Mangel*" [i. O. d.] aufweist, aber auch skandalös, weil es in Wirklichkeit diejenigen sind, die sich mit dem neuen Ton in der Philosophie schmücken, die die Vernunft entmannen und abtöten. „Zu eben demselben Behuf", sagt er, „werden nun, beim Mangel scharfer Beweise, Analogien, Wahrscheinlichkeiten (von denen schon oben geredet worden), und ‚Gefahr vor Entmannung der durch die metaphysische Sublimation so feinnervig gewordenen Vernunft, dass sie in dem Kampf mit dem Laster schwerlich werde bestehen können', als Argumente aufgeboten".[61] Und Kant dreht sogleich das Argument, ich würde sagen wie einen Handschuh,[62] um: „da doch eben in diesen Prinzipien a priori die praktische Vernunft ihre sonst nie geahnte Stärke recht fühlt und vielmehr durchs untergeschobene Empirische (welches eben darum zur allgemeinen Gesetzgebung untauglich ist) *entmannt und gelähmt* wird".[63]

Wenn die Kastration nur eine Metapher oder ein Simulakrum ist – und sie muss es scheinbar sein, damit sie den Phallus und nicht den Penis oder die Klitoris betrifft –, dann wird der metaphorische Einsatz der beiden Gegnerparteien klar, die von einem Kant einander entgegengestellt werden, der nicht weniger davon betroffen ist. Der Einsatz für diesen *Kampfplatz*[64] der Metaphysik ist die Kastration der Vernunft. Welche der beiden anwesenden Parteien aber kastriert mit größter Sicherheit die Vernunft? Oder noch gravierender: Welche der beiden *entmannt* [i. O. d.] den Nachkömmling des *logos*, das heißt die *ratio*? Wie wir gerade ohne die geringste Zweideutigkeit vernommen haben, beschuldigt jede der beiden Parteien die andere, den logos zu kastrieren, seinen Phallus abzutrennen. Und in dieser auf beiden Seiten und folglich durch und durch phallogozentrischen Debatte könnte man Freud als den Dritten im Bunde auf den Plan rufen, der den richtigen oder falschen Schlüssel, „die Sexualtheorie", herbeischafft, um zu erfahren, dass es für dieses Stadium der Vernunft, in dem es nur männliche Vernunft, nur ein Organ oder eine Richtschnur der Vernunft gibt, männlich *oder* kastriert, um dasselbe geht wie in jenem infantilen Stadium der Genitalorganisation, wo es zwar ein Männliches, aber überhaupt kein Weibliches gibt. Vielleicht würde er von einem *phallischen Stadium der Vernunft* reden. „Der Gegensatz lautet hier", sagt Freud gegen Ende von *Die infantile Genitalorganisation*: „männliches Genitale oder kastriert".[65] Es gibt keine sexuelle Differenz als Entgegensetzung, sondern nur eine solche des Männlichen! Man könnte dieser befremdlichen Logik (die Vernunft seit Freud, würde Lacan sagen)[66] bis weit ins Detail des Textes folgen, vor allem in den Momenten, wo der Schleier der Isis das entfesselt, was Freud *Bemächtigungstrieb*[67] nennt. Kant klagt zum Beispiel die mystagogischen Metaphysiker an, dass sie sich aufführen wie „*Kraftmänner*",[68] die neuerdings mit Begeisterung eine Weisheit verkünden, die ihnen keine Mühe macht, weil sie diese Göttin beim Zipfel ihres Gewandes erhascht und sich ihrer „*bemächtigt*" [i. O. d.] zu haben vorgeben usw.

Ob nun Kastration oder nicht des *logos* als *ratio*, wir haben hier eine zentrale Form jener Debatte um die Metaphysik. Es ist auch ein Streit um die Poetik (zwischen Poesie und Philosophie), um den Tod oder die Zukunft der Philosophie. Es ist derselbe Einsatz. Kant zweifelt nicht daran, dass die neuen Verkünder notwendigerweise die Philosophie in Poesie verkehren müssen, um vornehm zu tun, durch Trug und Nachäffung den Platz der Großen einzunehmen und so eine wesentlich symbolische Macht zu usurpieren.

Schlosser, der Schlosser, ja, wie man hier sogar sagen könnte, der Herr des Adelsschlosses, missbraucht nicht nur poetische Metaphern. Er klagt auch noch sein Jahrhundert an, prosaisch zu sein, und wagt es, an Platon zu schreiben, sich an ihn zu wenden, ihn anzurufen, anzugehen, ihn zum Zeugen anzurufen: „Armer Platon, wenn du nicht das Siegel des Altertums auf dir hättest …, wer würde dich in dem *prosaischen* Zeitalter, in welchem das die höchste Weisheit ist, nichts zu sehen, als was vor unseren Füßen liegt, und nichts anzunehmen, als was man mit Händen greifen kann, noch lesen wollen?“[69] Gegen Schlosser antretend, der die neuen Söhne der Erde geißelt, spielt Kant Aristoteles gegen Platon aus: „Aber dieser Schluss ist zum Unglück nicht *folgerecht*; er beweist zu viel. Denn *Aristoteles*, ein äußerst prosaischer Philosoph, hat doch gewiss auch das Siegel des Altertums auf sich, und, nach jenem Grundsätze, den Anspruch darauf, gelesen zu werden! – Im Grunde ist wohl alle Philosophie prosaisch, und ein Vorschlag, jetzt *wiederum poetisch zu philosophieren*, möchte wohl so aufgenommen werden, als der für den *Kaufmann*: seine Handelsbücher künftig nicht in Prosa sondern in Versen zu schreiben“ [ebenda].

Aber die Strategie ist noch abgefeimter, und zwar auf beiden Seiten. Die Mystagogen, Analogisten und Anagogisten spielen ihrerseits auch die Karte Aristoteles aus. Und in diesem Augenblick des Spiels geht es wirklich um die Endziele und das Ende der Philosophie. Die Nachtwache über Tod oder Ende der Philosophie, das Wachen neben dem Körper der Philosophie ist nicht allein eine alte Geschichte, weil sie auf Kant zurückginge; denn wir sagten bereits, dass, wenn die Philosophie am Ende wäre, dann nicht erst zufolge der kantischen Begrenzung oder der dem metaphysischen Reich gesetzten Grenzen, sondern „bereits seit zweitausend Jahren“. Bereits seit zweitausend Jahren habe es mit der Philosophie ein Ende, sagte ein Schüler

Schlossers, seinerseits ein echter Graf, der Graf Leopold von Stolberg, weil der „Stagirit für die Wissenschaft soviel erobert habe, dass er wenig Erhebliches mehr den Nachfolgern zu erspähen überlassen hat".[70]

Kants Replik ist die eines entschiedenen Fortschrittsdenkers, der an die endlich offene und entschleierte Zukunft der Philosophie glaubt. Es ist auch die Antwort eines egalitären Demokraten: Sie wollen mit der Philosophie ein Ende machen *durch Obskurieren* [i. O. d., ebenda], und Sie sind ein versteckter Monarchist, Sie wollen, dass alle einander gleichen, dass aber alle, mit Ausnahme eines einzigen, nichts sind. Ein einziger, das ist bald Platon, bald Aristoteles, aber in Wirklichkeit spielen Sie durch diesen Monarchismus die Philosophie aus und richten sich selbst auf, indem Sie das Ende der Philosophie mit vornehmem Ton ausrufen.

Selbst wenn er sich so schlägt, erklärt Kant natürlich, dass er den Krieg nicht liebt. Wie in *Der Streit der Fakultäten* (wo er im Übrigen zwischen dem natürlichen Krieg und dem durch ein Gesetz entschiedenen Streit unterscheidet) schlägt er seinem kastrierenden Gegner schließlich eine Art Konkordat, eine Verhandlungsweise, ein Friedensabkommen oder einen -vertrag vor, kurz die Lösung eines Streits, der keine Antinomie ist. Wie Sie es vielleicht vorhergesehen haben, ist dieser Vertrag für mich von größerer Wichtigkeit als alle kombinatorische Strategie, alles Spiel und alle Standortwechsel. Was vermag die beiden Gegnerparteien tiefgehend zu verbinden und ihnen ein neutrales Terrain der Versöhnung zu verschaffen, auf dem sie nunmehr gemeinsam über den passenden Ton sprechen? Anders gesprochen, was schließen sie als unzulässig aus? Was ist das *Unzulässige*?

Kant spricht von der Modernität und den Mystagogen seiner Zeit, aber Sie werden im Verlauf schnell bemerkt haben – ohne dass ich selbst explizit darauf hinzuweisen, es zu nennen oder alle Register zu ziehen brauchte –, wie vielen Umstellungen man sich auf Seiten *unserer* sogenannten Modernität überlassen könnte. Ich werde nicht sagen, dass heute jeder klar und einfach wüsste, auf welcher Seite er steht. Aber ich bin mir sicher, dass man zeigen könnte, dass jeder halbwegs organisierte Diskurs sich heute wechselseitig oder gleichzeitig auf beiden Seiten befindet oder zu befinden strebt, selbst wenn dieser Standort nichts erschöpft, den Ort oder den gehaltenen Diskurs nicht umschreibt oder konturiert. Und diese, immer in sich selbst begrenzte Unangemessenheit lässt sicherlich die größte Schwierigkeit erkennen. Jeder von uns ist Mystagoge *und Aufklärer* [i. O. d.] eines anderen. Ich lasse Sie einige dieser Umstellungen durchspielen, wir können in der Diskussion darauf zurückkommen.

Worin besteht also der Vertrag? Welche Bedingung stellt Kant denen, die, wie er, sich besorgt zeigen, die Wahrheit zu sagen, den *logos* zu *offenbaren*, ohne ihn zu entmannen? Denn darin stimmen sie überein, das ist der Gemeinplatz ihres Konsenses, an dem sie sich versammeln und zusammenkommen können, ihre Synagoge. Kant fordert sie zuerst auf, sich von der verschleierten Göttin frei zu machen, vor der beide die Knie zu beugen geneigt sind. Er fordert sie auf, weder das moralische Gesetz noch die Stimme, die es verkörpert, zu personifizieren. Das Gesetz, das in uns spricht, sagt er den Mystagogen, sollten wir nicht mehr personifizieren und vor allem nicht in der „ästhetischen", sinnlichen und schönen Form jener verschleierten Isis. Das wird die Bedingung sein, um das moralische Gesetz selbst, das Unbedingte, zu vernehmen und uns zu vernehmen. Anders gesagt, und darin zeigt sich ein einschneidendes Motiv für das heutige Denken des Gesetzes oder der Ethik: Kant ruft dazu auf, das Gesetz oberhalb und außerhalb weniger der Person als der Personifizierung und des Körpers sowie der sinnlichen Stimme anzusiedeln, die in uns spricht, der einzigen, die zu uns privat spricht, der Stimme, die man in seiner Sprache „pathologisch“ nennen könnte, im Gegensatz zur Stimme der Vernunft als Gesetz oberhalb desjenigen Körpers, der sich hier durch eine verschleierte Göttin repräsentiert findet. Selbst wenn Sie der Tatsache keine Bedeutung oder „Signifikanz“ beimessen wollen, dass es sich bei dem vom Konkordat Ausgeschlossenen genau um den Körper einer verschleierten Isis handelt, das heißt das allumfassendste Prinzip von Weiblichkeit, die Mörderin des Osiris, dessen Körperteile sie später alle, mit Ausnahme des Phallus, wiederfindet; selbst wenn Sie auch denken, dass diese Personifizierung zu sehr der Analogie oder Metapher verhaftet ist, so gestehen Sie mir doch wenigstens Folgendes zu: Der zwischen den beiden erklärten Verteidigern eines nicht entmannten *logos* ausgehandelte Waffenstillstand setzt einen gewissen Ausschluss voraus. Er setzt etwas *Unzulässiges* voraus. Es gibt einen ausgeschlossenen Dritten, und das soll mir vorerst genügen.

Im Hinblick auf was mir das genügt? Bevor ich diese Fragestellung wiederaufgreife, möchte ich die Friedens- und Bündniserklärung verlesen, die Kant an seine zeitgenössischen Gegner, vielleicht aber auch an seine überzeitlichen Komplizen richtet:

Aber, wozu nun aller dieser Streit zwischen zwei Parteien, die im Grunde eine und dieselbe gute Absicht haben, nämlich die Menschen weise und rechtschaffen zu machen? – Es ist ein Lärm um nichts, Veruneinigung aus Missverstande, bei der es keiner Aussöhnung, sondern nur einer wechselseitigen Erklärung bedarf, um einen Vertrag, der die Eintracht fürs künftige noch inniglicher macht, zu schließen.

Die verschleierte Göttin, vor der wir beiderseits unsere Knie beugen, ist das moralische Gesetz in uns, in seiner unverletzlichen Majestät. Wir vernehmen zwar ihre Stimme, und verstehen auch gar wohl ihr Gebot; sind aber beim Anhören in Zweifel, ob sie von dem Menschen, aus der Machtvollkommenheit seiner eigenen Vernunft selbst, oder ob sie von einem anderen, dessen Wesen ihm unbekannt ist, und welches zum Menschen durch diese seine eigene Vernunft spricht, herkomme. Im Grunde täten wir vielleicht besser, uns dieser Nachforschungen gar zu überheben; da sie bloß spekulativ ist, und, was uns zu tun obliegt (objektiv), immer dasselbe bleibt, man mag eines, oder das andere Prinzip zum Grunde legen: nur dass das didaktische Verfahren, das moralische Gesetz in uns auf deutliche Begriffe nach logischer Lehrart zu bringen eigentlich allein *philosophisch*, dasjenige aber, jenes Gesetz zu personifizieren und aus der moralisch gebietenden Vernunft eine verschleierte Isis zu machen (ob wir dieser gleich keine andere Eigenschaften beilegen, als die nach jener Methode gefunden werden), eine *ästhetische* Vorstellungsart eben desselben Gegenstandes ist; deren man sich wohl hinten nach, wenn durch erstere die Prinzipien schon ins reine gebracht worden, bedienen kann, um durch sinnliche, obzwar nur analogische Darstellung jene Ideen zu beleben, doch immer mit einiger Gefahr, in schwärmerische Vision zu geraten, die der Tod aller Philosophie ist.[71]

Stellen wir vorläufig unter den zahlreichen Zügen, die eine Schrift des apokalyptischen Typs charakterisieren, die Prophezeiung und die eschatologische Ermahnung heraus, das Faktum des Sagens, Vorhersagens oder Verkündens des Endes, der letzten Grenze, des nahenden jüngsten Tages. Kann man nicht sagen, dass alle Beteiligten eines solchen Konkordats Subjekte[72] eschatologischer Diskurse sind? In Anbetracht anderer Kontexte ist diese Situation sicherlich älter als die kopernikanische Revolution, wie die zahlreichen Prototypen apokalyptischer Diskurse genügend bezeugen könnten, ebenso wie viele andere der nachfolgenden Zeit. Aber wenn Kant diejenigen angreift, die verkünden, dass es seit zweitausend Jahren mit der Philosophie ein Ende habe, dann hat er selbst mit dieser Grenzziehung, gegenüber nämlich einem bestimmten Typ von Metaphysik, eine andere Welle eschatologischer Diskurse in der Philosophie entfesselt. Sein Fortschrittsgeist, sein Glaube an die Zukunft einer bestimmten Philosophie, das heißt einer anderen Metaphysik, widerspricht nicht jener Verkündung der Endziele und des Endes.

Ich werde nun von der Tatsache ausgehen, dass – in Anbetracht der vielfältigen und tiefgehenden Differenzen, das heißt Veränderungen – das Abendland seither von einem einflussreichen Programm beherrscht worden ist, das gleichermaßen ein unüberschreitbarer Vertrag zwischen Diskursen über das Ende war. Die Thematisierungen des Endes der Geschichte und des Todes der Philosophie tauchen darin nur als die einsichtigsten, massivsten und verdichtendsten Formen auf. Sicher gibt es augenfällige Unterschiede zwischen der Hegelschen Eschatologie, jener marxistischen Eschatologie, die man in Frankreich in den letzten Jahren allzu schnell der Vergessenheit anheim fallen lassen wollte (und vielleicht handelte es sich dabei um eine andere Eschatologie *des Marxismus*, seine Eschatologie und seine Totenglocke)[73] der nietzscheanischen Eschatologie (zwischen dem letzten Menschen, dem höheren Menschen und dem Übermenschen) und all den anderen Varianten der jüngsten Zeit. Aber bemessen sich diese Unterschiede nicht an Abweichungen in bezug auf die Grundtonart jener hörbaren *Stimmung* [i. O. d.], die durch so viele Variationen hindurchgeht? Haben nicht all diese Unstimmigkeiten [*différends*] die Form einer Überbietung an eschatologischer Eloquenz angenommen, so dass jeder Neuansatz hellsichtiger als der andere, wachsamer und schonungsloser sein will, um auch aufs neue hinzuzufügen: Ich sage Euch in Wahrheit, das ist nicht nur das Ende von diesem, sondern auch und zuerst von jenem, es ist das Ende der Geschichte, das Ende des Klassenkampfes, das Ende der Philosophie, der Tod Gottes, das Ende der Religionen, das Ende des Christentums und der Moral (was die größte Naivität war), das Ende des Subjekts, das Ende des Menschen, das Ende des Abendlandes, das Ende des Ödipus, das Ende der Welt, *Apocalypse now*, ich sage Euch, in der Sintflut, dem Feuer, dem Blut, dem erderschütternden Beben, dem Napalm, das aus Hubschraubern vom Himmel fällt, so wie die Prostituierten, und dann auch das Ende der Literatur, das Ende der Malerei, der Kunst als Sache der Vergangenheit, das Ende der Psychoanalyse, das Ende der Universität, das Ende des Phallogozentrismus und was weiß ich noch alles. Und wer auch immer dahin käme, das Ganze auf die Spitze zu treiben und das Raffinierteste [*le fin du fin*] zu sagen, nämlich das Ende des Endes [*la fin de la fin*], das Ende des Zwecks [*la fin des fins*], dass das Ende immer schon begonnen hat, dass man vielmehr zwischen Geschlossenheit [*clôture*] und Ende [*fin*] unterscheiden müsse, so würde auch er, ob er will oder nicht, in das Gesamtkonzert mit einstimmen. Denn es ist gleichermaßen das Ende der Metasprache über die eschatologische Sprache, so dass man sich fragen muss, ob es sich bei der Eschatologie um einen Ton oder vielmehr um die Stimme selbst handelt.

Ist die Stimme nicht immer die des letzten Menschen? Die Stimme oder die Sprache selbst, der Gesang oder

Akzent in der Sprache [*langue*] selbst? *Patmos*, das Gedicht, das als Titel den Namen jener apokalyptischen Insel, das heißt der des Johannes, trägt, wird von Hölderlin in der zweiten Version mit einer Anrufung des deutschsprachigen Gedichts beendet (*Dem folgt deutscher Gesang*).[74] Heidegger zitiert häufig die ersten Verse dieses Gedichts: „*Nah ist / Und schwer zufassen der Gott. / Wo aber Gefahr ist, wächst / das Rettende auch.*"[75] Und wenn Heidegger die *Überwindung*[76] der Metaphysik oder der Onto-Theologie als die der davon nicht abtrennbaren Eschatologie denkt, so geschieht es im Namen einer anderen Eschatologie. In vielen Wiederaufnahmen sagt er vom Denken, das er dabei von der Philosophie geschieden wissen will, dass es wesentlich „eschatologisch" ist, so jedenfalls seine Worte.[77]

Ist nicht, so fragte ich, die Stimme der Sprache immer die des letzten Menschen? Da ich mir versagen muss, mit Ihnen *Le dernier homme* von Blanchot[78] zu lesen, erinnere ich, da ich von der Stimme und von Ödipus gesprochen habe, an jenes Fragment aus Nietzsches Nachlass. Nietzsche lässt dort unter dem Titel *Ödipus* den letzten Philosophen, der zugleich der letzte Mensch ist, mit sich selbst ein absolutes Selbstgespräch führen. Er spricht *mit* seiner Stimme, er unterhält sich und erhält, was ihm an Leben geblieben ist, mit dem Phantom seiner Stimme, und er ruft sich, er nennt sich Ödipus: „Den letzten Philosophen nenne ich mich, denn ich bin der letzte Mensch. Niemand redet mit mir als ich selbst, und meine Stimme kommt wie die eines Sterbenden zu mir. Mit dir, geliebte Stimme, mit dir, dem letzten Erinnerungshauch alles Menschenglücks, lass mich nur eine Stunde verkehren, durch dich täusche ich mir die Einsamkeit hinweg und lüge mich in die

Vielheit und die Liebe hinein, denn mein Herz sträubt sich zu glauben, dass die Liebe todt sei, es erträgt den Schauder der einsamsten Einsamkeit nicht und zwingt mich zu reden, als ob ich Zwei wäre."

„Als ob ich Zwei wäre"; denn in dem Augenblick, wo er so die Botschaft übersendet, *als ob* er sie noch wirklich an sich adressieren könnte, besiegelt dieser unmögliche Bestimmungsort schon den Tod des letzten Menschen, in ihm und außer ihm. Er weiß es, über das *als ob* hinaus: „Und doch! Ich höre dich noch, geliebte Stimme! Es stirbt noch Einer außer mir, dem letzten Menschen, in diesem Weltall: der letzte Seufzer, *dein* Seufzer, stirbt mit mir, das hingezogene Wehe! Wehe! geseufzt um mich, der Wehemenschen letzten, Oedipus."[79]

Wenn uns nun die Eschatologie beim ersten Wort überrascht,[80] beim ersten wie beim letzten, das immer das vorletzte ist, was sollen wir da sagen? Was tun? Eine Antwort auf diese Frage ist vielleicht unmöglich, da sie sich niemals erwarten lässt. Denn die Frage ist diejenige der Antwort und diejenige eines Anrufes, der vor der Frage verspricht oder antwortet.

Wir brauchen Klarheit, sagte Philippe Lacoue-Labarthe gestern.[81] Aber es gibt Licht [*lumière*] und es gibt die Aufklärung [*les lumières*], es gibt den Tag und auch den Wahnsinn des Tages. „Das Ende beginnt", liest man in *Der Wahnsinn des Tages*.[82] Selbst ohne sich auf Apokalypsen des zoroastrischen Typs – es gibt mehr als eine – zu beziehen, weiß man, dass jede apokalyptische Eschatologie sich im Namen des Lichts, des Hellsehens und der Vision, sowie eines Lichts des Lichts, das heißt eines Lichts verkündet, das noch strahlender ist als alle Aufklärung, die sie ermöglicht hat. Die Apokalypse des Johannes, die alle abendländischen

Apokalypsevorstellungen beherrscht, erleuchtet im Lichte des El, des Elohim:

> Denn der Lichtglanz Elohims erleuchtete sie, ...Und die Könige der Erde bringen ihre Herrlichkeit in sie. Und die Tore werden nicht mehr geschlossen werden am Tage: Nein, es wird keine Nacht mehr geben.
> Und man wird die Herrlichkeit und die Pracht ... in sie bringen. (XXI, 23–26)
> Und es wird keine Nacht mehr geben, und sie bedürfen nicht des Lichtes einer Lampe noch des Lichtes der Sonne; denn Adonai Elohim wird über ihnen leuchten, und sie werden herrschen in alle Ewigkeit. (XXII, 5)

Es gibt das Licht und es gibt die Aufklärung, die Aufklärung der Vernunft oder des logos, was trotz alledem nichts anderes ist. Und genau im Namen einer *Aufklärung* [i. O. d.] unternimmt Kant es zum Beispiel, den vornehmen Ton zu entmystifizieren. Wir heute können uns dem Erbe dieser Aufklärung nicht entziehen, wir können und dürfen nicht – so lautet unser Gesetz und unser Geschick – auf die *Aufklärung* [i. O. d.] verzichten, das heißt anders gesprochen auf das, was sich als das rätselhafte Verlangen nach Wachsamkeit, nach hellsichtiger Aufmerksamkeit, nach Erhellung, nach Kritik und Wahrheit stellt, aber nach einer Wahrheit, die zugleich an sich vor dem apokalyptischen Verlangen bewahrt, diesmal als ein Verlangen nach Klarheit und Offenbarung, um den apokalyptischen Diskurs selbst zu entmystifizieren oder, wenn Sie lieber wollen, zu dekonstruieren, und mit ihm alles, was auf die Vision, das bevorstehende Ende, die Theophanie, die Parusie, das jüngste Gericht spekuliert.[83] Jedes Mal fragen wir uns folglich unnachgiebig, worauf wollen jene hinaus, und zu welchem Zweck, die das Ende von diesem oder jenem, des Menschen oder des Subjekts, des Bewusstseins, der Geschichte, des Abendlandes oder der Literatur und, als letzte Neuigkeit, des Fortschritts selbst verkünden, dessen Idee noch nie bei Rechten oder Linken so schlecht dastand. Welche Effekte wollen jene Propheten oder jene wortgewandten Visionäre produzieren? Welchen unmittelbaren oder aufgeschobenen Vorteil stellen sie in Aussicht? Was machen sie und was machen wir, indem wir so darüber reden? Um wen zu verführen oder zu unterwerfen, einzuschüchtern oder zu erfreuen? Diese Effekte und Vorteile können auf eine individuelle oder kollektive, eine bewusste oder eine unbewusste Spekulation bezogen werden. Sie können in Begriffen libidinöser oder politischer Herrschaft analysiert werden, samt all der differentiellen[84] Relais und folglich all der ökonomischen Paradoxe, die die Idee der Macht und der Herrschaft überdeterminieren und bisweilen in den Abgrund reißen. Die hellsichtige Analyse dieser Interessen oder Kalküle muss eine große Anzahl und eine große Mannigfaltigkeit an heute zur Verfügung stehenden Interpretations-Dispositiven aufbringen. Sie muss es und sie kann es auch, denn unsere Epoche ist in dieser Hinsicht über[aus]gerüstet, und eine Dekonstruktion, die dabei nicht stehen bleiben will, funktioniert mittlerweile nie ohne den zweiten Schritt einer Arbeit am System, die jene Über[aus]rüstung an sich selbst bindet, die, wie man sagt, die Psychoanalyse mit dem Marxismus oder einem gewissen Nietzscheanismus, mit den Quellen der Linguistik, der Rhetorik oder Pragmatik, mit der Theorie der *speech acts*, sowie mit dem Heidegger'schen Denken über die Geschichte der Metaphysik, das Wesen von Wissenschaft oder Technik in Verbindung bringt. Eine solche Entmystifizierung muss sich auf die kleinsten Besonderheiten der apokalyptischen Listigkeiten einlassen. Das Interesse oder das Kalkül mag, unter dem Verlangen nach Licht verborgen, gut versteckt sein (*eucalyptus*, wie jener Baum heißt, dessen Blütenkelch nach der Blüte geschlossen bleibt), das heißt gut versteckt unter dem bekannten Verlangen nach Offenbarung. Und eine Verbergung vermag die andere verbergen. Das ganze Gewicht – denn sonst wäre es endlos –, die ganze Faszination liegt aber in Folgendem: Das Subjekt des apokalyptischen Diskurses kann Interesse daran haben, auf sein Interesse zu verzichten, es kann auf alles verzichten, um Ihnen noch seinen Tod auf die Schultern zu laden und Sie im Voraus zum Erben seines Leichnams, das heißt seiner Seele, zu machen, wobei es hofft, so über das Ende zu seinem Zweck zu kommen, das heißt Sie auf der Stelle zu verführen, indem es Ihnen verspricht, Sie in seiner Abwesenheit zu schützen.

Ich bin mir nicht sicher, ob es wirklich *eine* fundamentale *Szene* gibt, *ein* großes Paradigma, nach dem sich, mit einigen Abweichungen, alle eschatologischen Strategien regeln. Es wäre wieder eine philosophische, onto-eschato-teleologische Interpretation, wenn man sagte: Die apokalyptische Strategie ist fundamental nur eine, ihre Mannigfaltigkeit ist nur eine der Verfahren, der Maskierungen, der Erscheinungen oder Simulakra.

Nachdem wir diese Vorsichtsmaßnahme getroffen haben, folgen wir doch der Versuchung für den kurzen Zeitraum einer Fiktion und stellen uns jene fundamentale Szene vor. Stellen wir uns vor, es gäbe *einen* apokalyptischen Ton, eine Einheit des apokalyptischen Tons, und dass *der* apokalyptische Ton nicht der Effekt einer verallgemeinerten Entgleisung, einer *Verstimmung* [i. O. d.] sei, die die Stimmen vervielfältigt und die Töne springen lässt, die jede Rede der Heimsuchung durch die andere öffnet, das heißt einer nicht zu bändigenden Vielstimmigkeit mit ihren Aufpfropfungen, Einbrüchen, Störungen. Die verallgemeinerte *Verstimmung* [i. O. d.] gibt dem anderen Ton oder dem Ton eines anderen die Möglichkeit, zu jedem beliebigen Augenblick eine vertraute Harmonie zu unterbrechen (so wie ich mir vorstelle, dass es ständig in der Analyse oder auch anderswo passiert, wenn plötzlich ein, niemand weiß woher gekommener, Ton die Rede dem, wenn man so sagen kann, abschneidet, der die Stimme ruhig zu *bestimmen* [i. O. d.] und so die Einheit der Bestimmung, die Selbstidentität irgendeines Empfängers oder Absenders zu garantieren schien). Die *Verstimmung* [i. O. d.], wenn man die Entgleisung fortan so nennt, der Wechsel des Tons, so wie man von einem Stimmungswechsel spricht, ist die Unordnung oder das Delirium der *Bestimmung* [i. O. d.], aber auch die Möglichkeit jeder Sendung. Die Einheit des Tons, wenn es sie gäbe, wäre zwar die Garantie der Bestimmung, aber auch der Tod, eine andere Apokalypse. Stellen wir uns also vor, es gäbe *einen*, apokalyptischen Ton und *eine* grundlegende Szene. Wer folglich den apokalyptischen Ton annimmt, der will Ihnen oder sich etwas sagen. Aber was? Ich sage: „wer ... annimmt", „wer auch immer ... annimmt", um nicht zu sagen: „derjenige, der" oder „diejenige, die", „diejenigen, die", und ich spreche genau von dem Ton, den man von allem artikulierten, diskursiven Inhalt unterscheiden können muss. Das bedeutet, dass der Ton nicht gezwungenermaßen das ist, was der Diskurs sagt, und der eine kann immer dem anderen widersprechen, ihn verneinen, abgleiten oder entgleisen lassen.

Wer den apokalyptischen Ton annimmt, wird Ihnen etwas bedeuten, wenn nicht gar sagen. Was? Aber die Wahrheit natürlich, und er wird Ihnen bedeuten, dass er sie Ihnen offenbart, denn der Ton ist das Offenbarende[85] irgendeiner sich vollziehenden Enthüllung. Enthüllung oder Wahrheit, das ist die Apophantik[86] des drohenden Endes, von dem was auch immer schließlich auf das Ende der Welt hinausläuft. Es ist nicht allein die Wahrheit als geoffenbarte Wahrheit eines Geheimnisses um das Ende oder des Geheimnisses des Endes. Die Wahrheit selbst ist das Ende/Ziel [*fin*], die Bestimmung, und dass die Wahrheit sich enthüllt, ist das Nahen des Endes. Die Wahrheit ist Ende und Instanz des jüngsten Gerichts. Die Struktur der Wahrheit wäre hier also apokalyptisch, und aus diesem Grunde gibt es keine Wahrheit der Apokalypse, die nicht wieder Wahrheit der Wahrheit wäre.

Folglich wird derjenige, der den apokalyptischen Ton annimmt, zu fragen sein, in Hinblick auf was und zu welchem Zweck? Um wohin im Augenblick oder in Bälde zu führen?

Das Ende beginnt, bedeutet der apokalyptische Ton. Aber zu welchem Zweck bedeutet er es? Natürlich will er anziehend wirken, will er bewirken, dass man kommt, zu ihm kommt, will er verführen, um zu sich als dem Ort zu führen, wo die erste Schwingung des Tons zu vernehmen ist, man nenne es wie man will: Subjekt, Person, Geschlecht, Begehren (ich denke eher an eine reine differentielle Schwingung, ohne Träger, unerträglich). Bald ist das Ende da, es droht, das bedeutet der Ton. Ich sehe es, ich weiß es, ich sage es Dir, jetzt weißt Du es, komm. Wir werden alle sterben, wir werden verschwinden, und dieses Todesurteil kann uns nur richten, wir werden sterben, Du und ich, die anderen auch, die Nichterwählten [*goim*],[87] die Heiden und all die anderen, alle diejenigen die nicht mit uns das Geheimnis teilen, aber sie wissen es nicht. Es ist, als ob sie schon tot wären. Wir sind allein auf der Welt, ich bin allein, um Dir die Wahrheit oder die Bestimmung offenbaren zu können, und ich sage sie Dir, ich gebe sie Dir, komm, lass uns, die wir noch nicht wissen, wer wir sind, für einen Augenblick vor dem Ende die einzigen Überlebenden sein, die einzigen, die wachen, das wird uns um so mehr stärken. Wir werden eine Sekte sein, wir werden eine Art, ein Geschlecht oder eine Gattung, ein *Geschlecht* [i. O. d.] für uns ganz allein bilden, wir werden uns einen Namen geben (das erinnert gewissermaßen an die Szene in Babel, von der wir noch sprechen können, aber es gibt auch ein Babel in der Apokalypse des Johannes, das uns nicht an die Verwirrung der Sprachen und Töne denken lässt, sondern an die Prostitution, vorausgesetzt, dass man da einen Unterschied machen kann. Das große Babel ist die Mutter der Huren: „Komm. Ich werde Dir das Gericht über die große Hure zeigen" (XVII, 1). Jene schlafen, wir wachen.

Dieser Diskurs oder besser dieser Ton, den ich in einen Ton übersetze, dieser Ton des Wachens im Augenblick des Endes, der auch derjenige der Totenwache, der *Wake*,[88] ist, er zitiert oder verdoppelt im Widerhall immer gewissermaßen die Apokalypse des Johannes oder zumindest die grundlegende Szene, die bereits die Johannitische Schrift bestimmt. So zum Beispiel:

Ich weiß Deine Werke,
dass Du den Namen hast, Du lebst,
und doch tot bist.
Wache! (*esto vigilam*, heißt es in der lateinischen Übersetzung)
Und stärke das Übrige, das am Sterben war.
… Wenn Du nicht wachest,

Werde ich kommen wie ein Dieb,
Und Du wirst nicht wissen,
In welcher Stunde ich über Dich kommen werde. (III, 1–3)

Ich werde kommen: Die Ankunft ist stets das Kommende. Das Adon,[89] bezeichnet als das Aleph und das Tav, das Alpha und Omega, ist das, was gewesen ist und kommt, das heißt nicht nur, was sein wird, sondern was kommt, was die Gegenwart einer Zu-kunft [*à-venir*] ist. *Ich komme* bedeutet: ich werde kommen, ich bin Zu-kunft im Bevorstehen eines „ich werde kommen", „ich bin dabei zu kommen". „Der kommt" (*o erchomenos*) wird hier im Lateinischen übersetzt durch *venturus est.*

Es ist Jesus, der sagt: „Wache!", aber man müsste – vielleicht über eine Logik der Erzählung [*narratologie*] hinaus oder noch vor ihr – eine minutiöse Analyse der Erzählstimme in der Apokalypse entfalten. Ich bediene mich des Ausdrucks „Erzählstimme", um sie, im Sinne Blanchots, von der Erzählerstimme zu unterscheiden, das heißt derjenigen des identifizierbaren Subjekts, des bestimmbaren Erzählers oder Absenders in einer Erzählung. Des Weiteren glaube ich, dass all die „Komm", die in den Erzählungen oder Nicht-Erzählungen Blanchots ertönen, gleichermaßen in einem gewissen „Komm" (*erchou*, veni) der johannitischen Apokalypse ertönen beziehungsweise damit übereinstimmen. Es ist Jesus, der sagt: „Wache … ich werde über Dich kommen", aber es ist Johannes, der spricht, indem er Jesus zitiert, oder vielmehr der schreibt, der seine Worte, die erzählen, dass er Jesus in dem Augenblicke zitiere, in dem jener ihm eingibt [*dicte*] zu schreiben, das heißt das, was er gegenwärtig tut und was wir lesen, aufzuschreiben scheint für die sieben Gemeinden, die sieben Kirchen Asiens. Jesus wird zitiert als derjenige, der diktiert, ohne selbst zu schreiben, und der sagt: „schreib, *grapson*". Aber noch bevor Johannes schreibt, wobei er gegenwärtig sagt, dass er schreibe, hört er als Diktat die starke Stimme Jesus':

(„Ich, Yohanaan … bin auf der Insel, die Patmos heißt, um des Wortes Elohims und des Zeugnis' Yeshoua willen."
Am Tage des Adon gerate ich in den Hauch (*en pneumati, in spiritu*). Hinter mir höre ich eine starke Stimme, wie von einer Posaune, die spricht: „Was Du siehst, das schreibe in ein Buch, sende es den sieben Gemeinden …")

Schreibe und sende, diktiert die Stimme, die von hinten gekommen ist, hinter dem Rücken des Johannes, wie eine Posaune: *grapson eis biblion kai pempson, scribe in libro: et mitte septem Ecclesiam. Ich sehe* und *ich höre*, was beidesmal in der Übersetzung von Chouraqui Gegenwart ist, sind im Griechischen und im Lateinischen Vergangenheit, was die Voraussetzungen einer Analyse nicht vereinfacht.* Nun, noch vor dieser Erzählszene, die ein Diktat oder buchstäblich eine gegenwärtige Inspiration zitiert, gab es eine Präambel ohne Erzählstimme oder jedenfalls ohne Erzählerstimme, eine Art Titel oder Medaillenaufschrift, die man weiß nicht woher

---

* Hierbei steht, wie sich von selbst versteht, Bedeutsames auf dem Spiel, vor allem bei einem eschatologischen oder apokalyptischen Text. Chouraqui hat klar die Verantwortung als Übersetzer übernommen, und man muss sie ihm hier lassen: „Die durchgängige Freiheit, die ich mir beim griechischen Text genommen habe, betrifft die Zeiten des Verbs. Schon Joüon hatte bemerkt: ‚Die dem aramäischen Substrat entgegengebrachte Aufmerksamkeit

gekommen ist und die die apokalyptische Aufdeckung an die Sendung bindet. Diese Zeilen sind eigentlich die Apokalypse als Sendung der Apokalypse, die Apokalypse, die sich sendet:

Offenbarung Yeshouas, des Messias (*Apokalypsis Jesou Khristou*)
die ihm Elohim gegeben hat,
seinen Knechten zu zeigen,
was in Bälde geschehen soll.

Durch die Sendung seines Engels verkündet er es (*esenamen aposteilas dia tou angelou autou, significavit mittens per Angelum suum*) seinem Knecht Yohanaan.

Johannes ist folglich nur derjenige, der eine Sendung empfängt, durch die Vermittlung noch eines weiteren Zwischenträgers, eines Engels, eines reinen Boten. Und Johannes überträgt eine schon übertragene Botschaft, er bezeugt ein Zeugnis, das noch das eines anderen

---

ist besonders von Nutzen, um eine zu mechanische Übersetzung der griechischen Zeiten zu vermeiden'. Das griechische Verb begreift die Zeit vor allem als Funktion einer Vergangenheit, Gegenwart und Zukunft; das Hebräische oder Aramäische dagegen beschreibt, statt die Zeit einer Handlung zu präzisieren, ihren Zustand in zwei Modi: als Vollendetes und als Unvollendetes. Wie Pedersen richtig gesehen hat, ist das hebräische Verb wesentlich unzeitlich, das heißt allzeitlich. Zwischen zwei aufeinander nicht zurückführbaren Zeitvorstellungen stehend, habe ich versucht, so oft wie möglich auf die Gegenwart zurückzugreifen, die im Gebrauch des zeitgenössischen Französisch eine sehr biegsame, weite und anschauliche Zeit ist, sei es im normalen Gebrauch, sei es in Form der historischen oder prophetischen Gegenwart." (Eine neue Übersetzung des Neuen Testaments, Vorwort zu: Ein neuer Bund, 13.)

Zeugnisses sein wird, das von Jesus; so viele Sendungen, so viele Stimmen, und es macht eine Menge Leute, die dazwischen geschaltet sind.[90]

Durch die Sendung seines Engels verkündet er es
seinem Knecht Yohanaan.
Das Wort Elohims und das Zeugnis Yeshouas des Messias
bezeugt er,
alles was er gesehen hat.
Selig der, welcher vorliest,
und die, welche hören die Worte der Inspiration und bewahren,
was in ihr geschrieben steht:
Ja, die Zeit naht, *o gar kairos engus, tempus enim prope est.* (I, 1–3)

Wenn ich auf sehr ungenügende und kaum einleitende Weise Ihre Aufmerksamkeit auf die erzählende Sendung, auf die Verflechtung der Stimmen und Sendungen in der diktierten oder gerichteten Schrift lenke, so deshalb, weil man bei der Hypothese oder dem Programm einer unnachgiebigen Entmystifizierung des apokalyptischen Tons, beim Stil der Aufklärung oder der *Aufklärung* [i. O. d.] des zwanzigsten Jahrhunderts, wenn man die Listen, Fallen, Tricks, Verführungen, Kriegs- und Lust-Maschinerien, kurz all die Interessen des apokalyptischen Tons heutzutage demaskieren will, damit anfangen muss, jene differenzierte Feineinstellung der Stimmen und Töne zu beachten, die sie vielleicht über eine unterschiedene und berechenbare Vielheit hinaus unterteilt. Man weiß nicht (weil es nicht mehr der Ordnung des Wissens unterliegt), wem die apokalyptische Sendung zukommt, sie springt von einem Sende-Ort zum anderen (und ein Ort wird immer *im Ausgang* [*à partir*][91] vom mutmaßlichen Senden bestimmt), sie geht von einer Bestimmung, von einem

Namen und einem Ton zum anderen, sie verweist immer auf den Namen und den Ton des anderen, der da ist, aber als derjenige, der dagewesen ist und noch kommen muss, der in der Gegenwart der Erzählung nicht mehr da oder noch nicht da ist.

Und es ist nicht sicher, dass der Mensch die Zentrale dieser Telephonleitung oder das Terminal dieses endlosen Computers ist. Man weiß in der Apokalypse nicht mehr genau, wer seine Stimme oder seinen Ton dem anderen leiht, man weiß nicht mehr genau, wer was an wen richtet. Aber durch eine katastrophische Umwälzung, die hier notwendiger denn je ist, kann man auch genau denken: Von dem Augenblick an, wo man nicht mehr weiß, wer spricht oder wer schreibt, wird der Text apokalyptisch. Und wenn die Sendungen immerzu auf andere Sendungen ohne entscheidbare Bestimmung verweisen, wobei die Bestimmung immer zukünftig bleibt, ist diese gänzlich engelhafte Struktur, das heißt diejenige der Johannitischen Apokalypse, nicht auch die eines jeden Schauplatzes[92] der Schrift im Allgemeinen? Das ist eine der Anregungen, die ich Ihrer Diskussion unterbreiten möchte: Ist das Apokalyptische nicht eine transzendentale Bedingung eines jeden Diskurses, selbst jeder Erfahrung, jeder Markierung oder jeder Spur? Und die Gattung der im strengen Sinne „apokalyptisch“ genannten Schriften wäre also nur ein Beispiel, eine *exemplarische* Offenbarung dieser transzendentalen Struktur. In diesem Fall, wenn die Apokalypse offenbart, dann ist sie zuvor Offenbarung der Apokalypse, das heißt Selbst-Darstellung [*autoprésentation*] der apokalyptischen Struktur der Sprache, der Schrift, der Erfahrung der Präsenz, sei es des Textes oder der Markierung im Allgemeinen: *das heißt der teilbaren Sendung, für die es weder gesicherte Selbst-Darstellung noch Bestimmung gibt.*

Aber lassen wir das, es findet sich hier eine apokalyptische Einfaltung [*pli*].[93] Nicht allein eine Einfaltung als Sendung, eine Einfaltung, die einen Tonwechsel und eine unmittelbare tonale Duplizität in jeder apokalyptischen Stimme einführt. Nicht allein eine Einfaltung im apokalyptischen Signifikanten, so dass er bald den Inhalt der Erzählung oder das Verkündete bezeichnet – nämlich die Katastrophen und Umwälzungen des Endes der Welt, die Erschütterungen, Donnerschläge und Erdbeben, das Feuer, das Blut, die Feuerberge und das Blutmeer, die Plagen, den Rauch, den Schwefel, die Verbrennung, die Vielzahl der Sprachen und Könige, das Untier, die Hexen, Satan, die große Hure der Apokalypse und so weiter –, bald die Verkündung selbst und nicht mehr das Verkündete, den enthüllenden Diskurs der Zukunft oder sogar das Ende der Welt statt desjenigen, was er besagt, das heißt eher die Wahrheit des Offenbarens als die geoffenbarte Wahrheit.

Aber ich denke an noch eine andere Einfaltung, in der wir uns heute, am heutigen Tag, befinden: Alles was jetzt ein Verlangen nach Entmystifizierung bezüglich des apokalyptischen Tons, das heißt ein Verlangen nach Licht, hellsichtiger Wachsamkeit, nach erhellender Aufmerksamkeit oder nach Wahrheit inspiriert, das findet sich doch schon im Verlauf und ich würde sagen in der Übertragung der Apokalypse, das ist bereits eine Zitation oder Rezitation von Johannes oder von dem, der schon die Sendungen des Johannes bestimmte, wenn er zum Beispiel für einen Boten und unter dem Diktat jener kräftigen Stimme schreibt, die hinter seinem Rücken hervorkommt und sich wie eine Posaune, wie ein Widderhorn windet:

Dem Engel der Gemeinde in Ephesos schreibe:
„Dies sagt der,
welcher die sieben Sterne in seiner Rechten hält,
der inmitten der sieben goldenen Leuchter einhergeht:
Ich weiß Deine Werke und Deine Arbeit und Deine Ausdauer und
dass Du die Bösen nicht ertragen kannst
und dass Du die erprobt hast, die sich die Gesandten nennen
und es doch nicht sind (*tous legontas eautous apostolous kai ouk eisin, qui se dicunt Apostolos esse, et non sunt*), Du findest sie Lügner.
… Aber ich habe wider Dich:
Deine erste Liebe hast Du verlassen …“ (II, 1–4)

Und die Sendungen vervielfältigen sich, und dann kommen die Engel, bis es nach dem siebenten heißt:

Der Tempel Elohims öffnet sich im Himmel, und die Laden
seines Bundes werden in seinem Tempel sichtbar.
Und es entstehen Blitze und Stimmen und Donnerschläge
und ein Erdbeben und großer Hagel.
Und ein großes Zeichen (*semeion mega*) erscheint am Himmel:
Ein Weib, angetan mit der Sonne,
und den Mond unter den Füßen,
und auf ihrem Haupt ein Kranz von zwölf Sternen.
(XI, 19–XII, 1)

Wir *Aufklärer* [i. O. d.] der modernen Zeiten fahren also fort, die betrügerischen Apostel, die „angeblichen Gesandten“, die niemand gesandt hat, die Lügner und Treulosen, die Aufgeblasenheit und Schwülstigkeit all der mit historischen Missionen Beauftragten, die niemand um etwas gebeten oder mit etwas beauftragt hat, zu denunzieren. Folgen wir so der besten apokalyptischen Tradition, indem wir die falschen Apokalypsen denunzieren.

Da es zur Gewohnheit geworden ist [*le plis étant pris*], will ich die Beispiele nicht vermehren, das Ende ist nah, doch die Apokalypse ist von langer Dauer. Die Frage bleibt und kehrt wieder: Was können die Grenzen einer Entmystifizierung sein?

Sicherlich kann man denken – und so tue ich –, dass man diese Entmystifizierung so weit wie möglich treiben muss, und die Aufgabe ist nicht einfach. Sie ist endlos, da niemand die Über-Determiniertheiten und In-Determiniertheiten der apokalyptischen Listigkeiten ausschöpfen kann, und vor allem aus dem Grunde, weil das ethischpolitische Motiv oder die Motivation dieser Listigkeiten niemals auf Einfaches zurückzuführen ist. Ich erinnere so daran, dass ihre Rhetorik zum Beispiel nicht allein dazu bestimmt ist, eher das Volk als die Mächtigen zu täuschen, um dadurch etwa reaktionäre, rückständige, konservative Absichten durchzusetzen. Nichts ist weniger konservativ als die apokalyptische Gattung. Und da es eine apokalyptische, apokryphe, maskierte, chiffrierte *Gattung*[94] ist, kann sie Umwege aufweisen, um eine andere Wachsamkeit, die der Zensur, zu täuschen. Man weiß, dass sich die apokalyptischen Schriften in dem Augenblick vermehrt haben, als die staatliche Zensur im römischen Reich sehr mächtig war, und zwar genau, um diese zu überlisten. Nun, man kann diese Möglichkeit auf alle Zensuren ausdehnen, das heißt nicht nur auf die politische, und innerhalb der Politik nicht nur auf die offizielle. Selbst wenn man sich auf die politische Zensur beschränkte und wenn man hellsichtig genug wäre, um zu wissen, dass sie nicht allein von den spezialisierten Zentren des Staates ausgeübt wird, sondern überall, wie ein Argus mit tausend Augen, von einer Mehrheit, von einer Opposition, von einer virtuellen Mehrheit, und über alles, was nicht in den Rahmen der Logik des geläufigen politischen Diskurses und der begrifflichen Gegensätze passt, die durch den Vertrag zwischen legitimen Gegnern legitimiert sind, nun so wird man vielleicht denken, dass der apokalyptische Diskurs diese Zensur dank seiner Gattung und seiner kryptischen Kunstgriffe auch zu umgehen vermag. Durch seinen Ton selbst, durch die Vermischung der Stimmen, Gattungen und Codes, vermag er auch den herrschenden Vertrag oder das herrschende Konkordat aus der Fassung zu bringen, indem er die Bestimmungen verwirrt. Er ist eine Herausforderung für die etablierte Ordnung der Botschaften und für die Polizei der Bestimmung, kurz für die postalische Polizei oder das Postmonopol. Umgekehrt könnte man sogar sagen, dass jede Verstimmung [*discord*] oder jede tonale Unordnung, alles was in der allgemeinen Rede [*collocution*] einen Missklang oder eine Unzulässigkeit ausmacht, alles was nicht mehr im Ausgang von den etablierten Codes, auf beiden Seiten, identifizierbar ist, notwendigerweise für mystagogisch, obskurantistisch und apokalyptisch gelten wird, jedenfalls wird man es als solches ansehen.

Wenn man jetzt einer anderen Grenze der Entmystifizierung nachforscht, einer (vielleicht) wesentlichen Grenze, die (vielleicht) eine Dekonstruktion von einer einfachen fortschrittsbetonten Entmystifizierung im Stile der Aufklärung unterscheiden würde, so würde mich eine andere Vorgehensweise reizen. Denn schließlich, auch wenn die Entmystifizierung der Taktik einer Verführung oder Agogie eine gute und notwendige Sache ist, muss man sich nicht zuerst fragen, mit Aussicht worauf und zu welchem Zweck verführt, überlistet, getäuscht, taktiert wird? Zu dieser anderen Vorgehensweise möchte ich abschließend noch schnell etwas sagen, wobei ich versuche, wenn möglich auf eine Frage zu antworten. Wiederholt hat man mich gefragt (und aus diesem Grunde werde ich mir eine kurze Galavorstellung einiger meiner Schriften erlauben), warum (mit Aussicht worauf, zu welchem Zweck und so weiter) ich einen apokalyptischen Ton habe oder *angeschlagen* und apokalyptische Themen vorgeschlagen habe. Auf diese Weise hat man sie häufig, bisweilen mit Verdacht, bewertet, vor allem, wie ich bemerkt habe, in den Vereinigten Staaten, wo man immer sensibler ist für Phänomene der Prophetie, des Messianismus, der Eschatologie und der Apokalypse-hier-und-jetzt. Ich hätte die Unterschiede zwischen Geschlossenheit [*clôture*] und Ende [*fin*] vervielfacht, ich hätte die Neigung, eher Diskurse *über* das Ende zu sprechen, als das Ende anzukündigen, ich hätte die Absicht gehabt, eher eine Gattung zu analysieren, als sie zu praktizieren, und dennoch würde ich sie, um es dann mit jenem Vorbehalt der ironischen Art zu tun, von dem ich versucht habe zu zeigen, dass er gleichwohl nicht zur Art selbst gehört, aus Gründen, die ich gerade genannt habe, dass nämlich jede Sprache über die Apokalypse auch apokalyptisch ist und sich von ihrem Objekt nicht ausschließen kann. Folglich habe auch ich mich gefragt, warum, zu welchem Zweck, mit Aussicht worauf die Apokalypse selbst, ich meine die sogenannten historischen Schriften, und vor allem die von Johannes aus Patmos unterzeichnete, sich mir nach und nach, vor allem seit sechs oder sieben Jahren, als ein Thema, eine Unruhe, eine Faszination, ein expliziter Bezugspunkt und Horizont für eine Arbeit oder eine Aufgabe herausgestellt hatte, obwohl ich jene reichhaltigen und geheimen Texte recht schlecht kenne. Zuerst war es der Fall in *Glas*, dessen Spalten [*colonnes*][95] immer wieder durch apokalyptische Schocks oder Lachanfälle über das Thema der Apokalypse erschüttert wurden, und wo sich in einem bestimmten Augenblick (S. 220) die

Reste der Genres und des Namens Jean/Johannes – der des Evangeliums, der Apokalypse und der Genets – vermischen. Man findet dort „Evangelium und Apokalypse gewaltsam zerschnitten, zerteilt, neu angeordnet, mit Leerstellen, Akzentverschiebungen, Zeilensprüngen und -verschiebungen, als wenn sie uns durch einen kaputten Fernschreiber erreichten oder über die Schalttafel einer überlasteten Telephonzentrale …" Und eine längere, die Zitate durcheinandermischende Sequenz schließt folgendermaßen: „ ‚Und ich, Johannes, habe all das gesehen und gehört.' Wie schon der Name anzeigt, entblößt die Apokalypse, anders gesprochen, die wesentliche Enthüllung, in Wirklichkeit den Hunger auf sich [*faim de soi*]. In *Das Totenfest*[96] heißt es, wie man sich erinnern wird, auf derselben Seite: ‚Jean wurde mir entzogen … Ich brauchte einen Ersatz für Jean … die Offenbarung meiner Freundschaft zu Jean … Ich hatte Hunger auf Jean'. Das heißt ein gewaltiger Ersatz. Das absolute Phantasma als absolutes Sich-Haben [*s'avoir absolu*][97] in seiner zutiefst in Trauer versetzten Herrlichkeit: sich verschlingen, um bei sich zu sein, sich zum Bissen werden,[98] sein eigenes Gebiss[99] sein-werden (in einem Wort spannen[100])."[101]

Das war schließlich, wie bereits gesagt, der Fall in *Die Postkarte*, wo die Anspielungen auf die Apokalypse und ihre Arithmosophie sich häufen, wo alle Spekulationen sich um die Zahlen drehen, besonders die Zahl Sieben, die „geschriebene 7", die Engel, „meinen Engel", die Boten [*messagers*] und die Briefträger [*facteurs*], die Vorhersage, die Ankündigung des Neuen, die holocaustische „Verbrennung" und all die Phänomene der *Verstimmung* [i. O. d.], des Tonwechsels, der Vermischung der Gattungen, der *Bestimmungsirrung* [*destinerrance*], wenn ich so sagen darf, oder des *Geheimbestimmungsortes* [*clandestination*], so viele Zeichen mehr oder weniger bastardhafter apokalyptischer Filiation. Aber ich wollte nicht auf diesem thematischen oder tonalen Netz beharren. Mangels Zeit werde ich mich aufs Wort, wenn es ein solches ist, und aufs Motiv „Komm“ beschränken, das andere Schriften beherrscht, die in der Zwischenzeit geschrieben wurden, besonders *Pas*, *Survivre* und *En ce moment même dans cet ouvrage me voici*, drei Texte, die, so kann man sagen, Blanchot und Levinas gewidmet sind. Ich war mir nur der zitathaften Resonanz dieses „Komm“ nicht sogleich bewusst, oder wenigstens nicht dessen, dass seine Zitierung (denn das ist das Drama des Zitierens, das für mich zu Beginn eine große Rolle spielte, seine Wiederholungsstruktur und das, was bis in den Tonfall hinein wiederholt, folglich nachgeahmt, sprich „synthetisiert“ werden können muss) auch ein Verweis auf die Apokalypse des Johannes war. Ich dachte nicht daran, als ich *Pas* schrieb, sondern erst bei den anderen beiden Texten. Und ich habe es dann angemerkt. „Komm“, *erkhou*, *veni*, dieser Aufruf hallt im Herzen der Vision wider, in dem „ich sehe“, das dem Diktat Christi (von IV ab) folgt, wenn gesagt wird:

Und ich sehe in der Rechten dessen,
der auf dem Throne sitzt,
ein Buch, innen und auf der Rückseite beschrieben,
mit sieben Siegeln versiegelt.
Und ich sehe einen starken Engel,
der mit lauter Stimme verkündet:
„Wer ist würdig, das Buch zu öffnen
und seine Siegel zu lösen?“
Und niemand im Himmel und auf Erden und unter Erden
vermag das Buch zu öffnen noch hineinzublicken. (V, 1–3)

Und jedes Mal, wenn das Lamm eins der sieben Siegel öffnet, sagt eins der vier Lebewesen „Komm", und es folgen die Reiter der Apokalypse. (In den *Sendungen* der *Postkarte* sagt der eine oder andere oft: Sie glauben, dass wir zwei sind, oder dass ich allein bin, oder da wir drei sind, oder dass wir vier sind, und es ist nicht gewiss, dass sie sich täuschen; aber alles läuft so ab, als ob die Hypothese nicht über vier hinaus gehen könnte, das ist auf jeden Fall der Anschein.) Weiter unten, ich meine in der Apokalypse des Johannes, in XVII, sagt einer der sieben Engel mit den sieben Schalen: „Komm, ich will Dir das Gericht über die große Hure zeigen." Es handelt sich um Babylon. Und in XXI: „Komm, ich will Dir die Braut, das Weib und das Lamm zeigen." Und vor allem am Ende des Endes ergeht und widerhallt das „Komm" in einem Wechsel von Anrufen und Antworten, der genau genommen nichts mehr von einem Wechsel hat. Die Stimmen, die Orte, die Wege des „Komm" durchlaufen den Wandschirm eines Gesangs, einen Raum voll zitierender und rezitierender Echos, als ob am Anfang die Antwort wäre; und in diesem Durchlaufen oder dieser Übertragung finden die Stimmen ihre Verräumlichung, den Raum ihrer Bewegung, und doch streichen sie ihn in einem Zug wieder durch, geben sie ihm keine Zeit mehr.

Es gibt dabei eine Art allgemeinen Erzähler: Im Augenblick der Unterschrift wird er sich der Zeuge nennen (*martyron*, *testimonium*). Es gibt dabei den Engelsboten, von dessen Sendung er berichtet, es gibt dabei Johannes, der das Wort wiederaufnimmt und der sagt, dass er sich gegenwärtig vor dem Boten niederwirft, der zu ihm spricht:

Und er sagte mir: „Versiegle die Worte der Weissagung dieses Buches nicht:
Ja, die Zeit ist nahe …“ (XXII, 10)

Es ist das *double bind* eines Befehls, dem Johannes nur zuwiderhandeln konnte, um ihm zu folgen. Darauf nimmt Jesus das Wort wieder auf, natürlich in der Weise einer direkten Wiedergabe, die Platon mimetisch oder apokryph nennt, und das Spiel der Anführungszeichen in der Übertragung wirft all die Fragen auf, die Sie sich vorstellen können. Man weiß zwar jedes Mal, dass es dieser oder jener ist, der redet, weil er sich vorstellt: ich, derjenige; aber es geschieht im Text, der vom Zeugen oder dem allgemeinen Erzähler geschrieben worden ist, der immer auch Betroffener ist. Hier aber das Ende:

Ich, Yeshoua, ich habe meinen Engel gesandt,
Euch dieses für die Gemeinde zu bezeugen.
Ich bin der Wurzelspross und das Geschlecht Davids,
der glänzende Morgenstern.

Hier enden die Anführungszeichen, und der Text des Zeugen hebt wieder an:

Und der Geist und die Braut (*nymphe, sponsa*, die Versprochene) sagen (gemeinsam): „Komm!“
Und wer dürstet, der komme;
wer will, der nehme das Wasser des Lebens, umsonst.
Ich bezeuge es persönlich jedem, der die Worte der Weissagung in diesem Buch hört:
Wenn jemand dazu setzet,
wird Elohim zusetzen auf ihn die Plagen, die in diesem Buch beschrieben sind.
Und wenn jemand hinwegnimmt von den Worten des Buches dieser Weissagung,

wird Elohim seinen Anteil an dem Baum des Lebens
und an der heiligen Stadt hinwegnehmen, die in diesem Buch beschrieben sind.
Es sagt der, welcher dies bezeugt: „Ja, ich komme bald."
Amen.
Komm, Adon Yeshoua.
Die Gnade des Adon Yeshoua sei mit allen …

Das Ereignis dieses „Komm" geht dem Ereignis voran und beruft es. Es wäre dasjenige, von dem her es das Ereignis, das Kommen, die Zukunft des Ereignisses gibt, das sich nicht unter der gegebenen Kategorie von Ereignis denken lässt. „Komm" schien sich mir auf den „Ort" zu berufen (aber das Wort *Ort* wirkt hier zu rätselhaft), sagen wir auf den Ort, auf die Zeit und auf das Ereignis dessen, was sich in der Apokalypse im allgemeinen nicht mehr einfach fassen lässt durch die Philosophie, die Metaphysik, die Onto-Eschato-Theologie und durch all die Lektüren, die sie für die Apokalypse vorgeschlagen haben. Ich kann das nicht herausarbeiten, was ich in dieser Hinsicht versucht habe auf dem Wege von Resonanzen, Antworten, verweisenden Zitaten, die auf Texte von Blanchot, von Levinas, von Heidegger oder anderen hinweisen, so wie man es heute etwa mit dem letzten Buch von Marguerite Duras *L'homme assis dans le couloir* wagen könnte. Was ich damals versucht habe, einer Analyse zu unterziehen, die unter anderem eine Spektrographie des Tons und des Tonwechsels sein sollte, konnte sich per definitionem nicht an die Disposition oder Maßgeblichkeit des philosophischen, pädagogischen oder lehrenden Beweises halten. Zunächst, weil das die Szene eröffnende „Komm" kein Gegenstand, Thema, keine Repräsentation werden konnte, das heißt kein Zitat im geläufigen Sinne, um einer Kategorie untergeordnet zu werden, sei es die des Kommens oder die des Ereignisses. Aus demselben Grunde fügt sich das auch nur sehr schwer der von der gegenwärtigen Szene geforderten Rhetorik. Nichtsdestotrotz versuche ich, auf die Gefahr hin einer anderen Verzerrung, die beweisende Funktion in Begriffen des philosophischen Diskurses herauszulösen.

Ich werde nun mit beschleunigtem Tempo[102] Folgendes sagen. Vom anderen kommend, als wäre es schon eine Antwort, und als Zitat ohne vergangene Gegenwart, lässt das „Komm“ keine andere metalinguistische Zitierung zu, während es selbst doch schon eine Erzählung [*récit*], ein Rezitativ und ein Gesang ist, dessen Singularität zugleich absolut und absolut teilbar bleibt. Es lässt sich ebenso wenig noch durch eine Onto-Theo-Eschatologie überprüfen wie durch eine Logik der Ereignisse, so neuartig sie auch sei und welche Politik sie auch verkünden mag. Mit diesem *affirmativen* Ton kennzeichnet das „Komm“ in sich weder ein Begehren noch einen Befehl, weder eine Bitte noch eine Forderung. Genauer genommen sind die grammatikalischen, linguistischen oder semantischen Kategorien, mit denen man es derart bestimmt, selbst vom „Komm“ durchzogen. Es ist, ich weiß nicht, was *das ist*, nicht weil ich dem Obskurantismus wieder Raum geben will, sondern weil die Frage „was ist das“ einem Raum angehört (der Ontologie und seither dem grammatikalischen, linguistischen, semantischen usw. Wissen), der durch ein vom anderen herkommendes „Komm“ geöffnet wird. Die Differenz zwischen all den „Komm“ ist nicht grammatikalisch, linguistisch, semantisch, pragmatisch – und sie erlaubt nicht zu sagen: Das ist ein Imperativ, das ist eine Modalität der Anordnung, das ist ein Performativ dieses oder jenes Typs und so weiter –, die Differenz ist tonal. Und ich weiß nicht, ob eine tonale Differenz sich letztlich all diesen Fragen fügt. Versuchen Sie zu sagen: „Komm" – was in allen Tonlagen ausgesprochen werden kann, und Sie werden sehen, Sie werden hören, der andere wird es zuerst hören – vielleicht oder vielleicht nicht. Es ist ein Gestus im Sprechen, jener Gestus, der sich nicht durch die Analyse – sie sei linguistisch, semantisch oder rhetorisch – einer Rede wiedergewinnen lässt.

Komm ins jenseits des Seins, so kommt es aus dem jenseits des Seins und ruft jenseits des Seins, wobei es vielleicht an den Ort ermahnt, wo das Ereignis – das man nicht durch *Ereignis* übersetzen kann – und das *Enteignis*[103] die Bewegung der Eignung [*propriation*] entfalten. Wenn „Komm" nicht anzuführen sucht, wenn es sicherlich an-agogisch[104] ist, so kann man es doch allemal – anagogisch – übersteigern zur anführenden Gewalt, zum autoritären Führungsstil [*duction*].[105] Dieses Risiko ist unabwendbar, und es bedroht den Ton wie ein Doppelgänger. Und selbst im Bekenntnis zur Verführung, indem man in einem gewissen Ton sagt: „Ich bin dabei, Dich zu verführen", setze ich die verführende Macht nicht außer Kraft, sondern kann sie sogar noch steigern. Heidegger hätte diese anscheinend persönliche Konjugation oder Deklination des Kommens vielleicht nicht geschätzt. Aber sie ist nicht persönlich, subjektiv oder egologisch. „Komm" kann nicht von einer Stimme oder zumindest nicht von einem Ton kommen, der „ich" [*moi*] bedeutet, einen solchen oder eine solche in meiner *Bestimmung* [i. O. d.]: Berufung zur Bestimmung von *ich/mir* [*moi*]. „Komm" richtet sich nicht an eine im Voraus bestimmbare Identität. Es ist eine Ableitung,[106] die nicht mehr abgeleitet werden kann, wenn es die Identität einer Bestimmung gibt. „Komm" ist *allein* ableitbar, absolut ableitbar, aber nur vom anderen, das heißt von nichts, das einen Ursprung oder eine verifizierbare, entscheidbare, vorstellbare, aneigenbare Identität hätte, von nichts, das nicht wieder ableitbar und uferlos erreichbar wäre.

Sie werden vielleicht versucht sein, dies das Unheil, die Katastrophe, die Apokalypse zu nennen. Nun, genau genommen kündigt sich hier – Versprechen oder Drohung – eine Apokalypse ohne Apokalypse an, eine Apokalypse ohne Vision, ohne Wahrheit, ohne Offenbarung, das heißt Sendungen (denn das „Komm“ steht an sich im Plural), Adressen ohne Botschaft und ohne Bestimmungsort, ohne entscheidbaren Absender oder Empfänger, ohne jüngstes Gericht, ohne eine andere Eschatologie als den Ton des „Komm“, seine *différance*[107] selbst, eine Apokalypse jenseits von Gut und Böse. „Komm“ kündigt nicht diese oder jene Apokalypse an: In ihm hallt bereits ein gewisser Ton wider, es ist an sich selbst die Apokalypse der Apokalypse, *Komm* ist apokalyptisch.

Unser *Apocalypse now*: Es gibt keine Chance mehr – außer dem Zufall – für ein Denken des Guten und des Bösen, dessen Verkündigung käme, sich *neu zu sammeln*, um sich in einer Offenbarungsrede wiederzufinden; keine Chance mehr außer per Zufall, dem Einzigartigen, dem Zufall selbst – für eine Sammlung der Wahrheit, ein *legein* der *aletheia*, die nicht mehr eine legendäre Enthüllung wäre; und auch keine Chance mehr für ein solches Sammeln der Gabe, der Sendung, des Geschicks (*Schicken, Geschick*),[108] für die Bestimmung eines „Komm“, dessen Versprechen zumindest durch sein eigenes Ereignis zugesichert wäre.

Aber was macht folglich derjenige, der Ihnen sagt: Ich sage es Euch, ich bin gekommen, Euch zu sagen, es gibt keine Apokalypse, es hat nie eine Apokalypse gegeben und wird keine geben, „die Apokalypse trügt"? Es gibt nur die Apokalypse *ohne* Apokalypse.

Das Wort *ohne* spreche ich hier gemäß der so notwendigen Syntax von Blanchot aus, der oft sagt: X *ohne* X. Das *ohne* kennzeichnet eine interne und externe Katastrophe der Apokalypse, eine Umkehrung des Sinns, der nicht mit der verkündeten oder in den apokalyptischen Schriften beschriebenen Katastrophe zusammenfällt, ohne ihr jedoch fremd zu sein. Die Katastrophe wäre hier vielleicht *die der* Apokalypse selbst, ihre Einfaltung und ihr Ende, eine Geschlossenheit ohne Ende, ein Ende ohne Ende.

Aber welche Lektüre, welche Geschichte der Lektüre, welche hermeneutische Kompetenz berechtigt sie zu sagen, dass diese selbst, diese Katastrophe *der* Apokalypse, nicht diejenige ist, die in ihrer Bewegung und selbst in ihrem Verlauf, in ihrer Spur, von *dieser* oder *jener* apokalyptischen Schrift beschrieben wird? Zum Beispiel von der aus Patmos, die damals der Aufgabe geweiht war, aus sich herauszugehen in jene aleatorsiche Irrung?

Und wenn dieses Draußen der Apokalypse *in* der Apokalypse anzutreffen wäre? Wenn es die Apokalypse selbst wäre, das heißt das, was in das „Komm" einbricht? Was ist „innerhalb" und was ist „außerhalb" eines Textes, *dieses* Textes und innerhalb und außerhalb jener Bände, von denen man nicht weiß, ob sie offen oder geschlossen sind?

Von jenem Buch, das „innen und außen", wie Sie sich erinnern werden, beschrieben war, wird ganz am Ende gesagt: Versiegle nicht, „versiegle die Worte dieser Weissagung nicht in diesem Buch …"

Versiegle nicht, das heißt verschließe nicht, aber auch: unterzeichne nicht.

Das Ende naht, und es ist keine Zeit mehr, die Wahrheit über die Apokalypse zu sagen. Aber was machst Du, werden Sie wieder mit Nachdruck sagen, auf welchen Zweck willst Du hinaus, wenn Du daher kommst, uns hier und jetzt zu erzählen: Auf, komm, die Apokalypse, es ist vorbei, ich sage es Dir, das ist es was ankommt.

No Apocalypse, not now (full speed ahead, seven missiles, seven missives)[1]

Erstes Missile
Erste Missive

Ich werde zuerst ein Wort über Geschwindigkeit sagen. *Am Anfang wird es Geschwindigkeit gegeben haben.*

Wir sprechen von einem Spieleinsatz, der offensichtlich für das, was immer noch gewissermaßen Menschheit genannt wird, grenzenlos ist. Es sagt sich leicht, dass die „Menschheit" im Atomkrieg Gefahr läuft, sich restlos zu zerstören. Über dieses „es sagt sich" und dieses Gerede [*rumeur*] lässt sich eine Menge sagen. Aber welchen Glauben man ihm auch schenkt, man muss sich doch vor Augen halten, dass dieser Einsatz in der Erfahrung eines Wettlaufes, genauer eines *Wettbewerbs*, eines Wettkampfes zweier Geschwindigkeiten, zur Erscheinung kommt. Es ist das, was man einen *Geschwindigkeits-Wettlauf*[2] nennt. Ob es sich um den Rüstungswettlauf handelt oder die gegebenen Befehle zur Auslösung eines Krieges, der selbst von dieser Ökonomie der Geschwindigkeit beherrscht ist, quer durch alle Schaltstellen seiner Technologie eine Spanne von einigen Sekunden kann irreversibel über das Schicksal dessen, was noch gewissermaßen Menschheit genannt wird – und dem sicherlich noch einige andere Arten hinzugefügt werden müssen –, entscheiden. Wie jedermann weiß, gibt es keinen Augenblick, kein Atom unseres Lebens (unseres Bezugs zur Welt und zum Sein), die heutzutage nicht –

direkt oder indirekt – im Zeichen dieses Wettlaufes stünden. Und im Zeichen der ganzen Debatte um „no-use“, „no-first-use“, „first-use“[3] der Atomwaffen. Ist das neu? Geschieht es das erste Mal „in der Geschichte“? Ist es eine Erfindung, und kann man noch „in der Geschichte“ sagen, wenn man davon spricht? Auch die ganz klassischen Kriege waren GeschwindigkeitsWettläufe, und zwar in ihrer Vorbereitung und im Austausch selbst der Feindseligkeiten. Machen wir heute eine *andere* Erfahrung von Geschwindigkeit? Ist unser Bezug zur Bewegung und zur Zeit qualitativ verschieden? Oder müssen wir vorsichtig von einer außergewöhnlichen, obgleich qualitativ homogenen Beschleunigung der gleichen Erfahrung sprechen? Und von welcher Zeitlichkeit spricht man, wenn man die Frage in dieser Form stellt? Kann man sie überhaupt ernst nehmen, ohne all die Problematiken der Zeit und der Bewegung wiederaufzuarbeiten, von Aristoteles bis Heidegger, im Durchgang durch Augustinus, Kant, Husserl, Einstein, Bergson und so weiter? Meine erste Formulierung der Frage der Geschwindigkeit war folglich grob vereinfachend. Sie setzte Quantität und Qualität einander gegenüber, *als ob* eine quantitative Transformation, das Überschreiten gewisser Schwellen der Beschleunigung im allgemeinen Dispositiv einer Kultur mit all seinen Informations-, Einschreibungs- und Archivierungs-Techniken keine qualitativen Veränderungen bewirken könnte, *als ob* nicht *jede* Erfindung die Erfindung eines Beschleunigungsprozesses wäre oder zuallermindest eine neue Erfahrung von Geschwindigkeit. Oder *als ob* der Geschwindigkeitsbegriff, der an eine bestimmte Quantifizierung der objektiven Zeit gebunden ist, in jeder Erfahrung von Zeit homogen bliebe – für das menschliche

Subjekt oder für eine Weise der Verzeitlichung, die das menschliche Subjekt – als solches – verdeckt hätte.

Doch warum habe ich meine Einleitung verlangsamt, indem ich diese so naive Frage vor mir hergeschoben habe?

Sicherlich aus mehreren Gründen.

Erster Grund. Überdenken wir die Form der Frage: Ist der Krieg der Geschwindigkeit[4] (samt alledem, was er beherrscht) ein irrreduzibel neues Phänomen, eine Erfindung, die an eine Gesamtheit von Erfindungen des sogenannten Atomzeitalters gebunden ist, oder vielmehr die brutale Beschleunigung einer Bewegung, die schon immer im Spiel war? Diese Form der Frage konstituiert vielleicht die am Wenigsten entbehrliche formale Matrix, den Eckstein, folglich, wenn Sie so wollen, die *atomare* Form für *jede* Problematik des Typs „nuclear criticism"[5] in *all* seinen Aspekten.

Natürlich habe ich nicht die Zeit, dies hier darzulegen. Ich bringe es folglich als vorzeitige Schlussfolgerung, als überstürzte Behauptung, als einen *Glauben*, ein Argument des *Dafürhaltens* [*doxique*] oder eine dogmatische Waffe vor. Aber ich sollte so und dort beginnen. Ich wollte so schnell wie möglich mit jener Warnung in der Form der Abschreckung beginnen: Vorsicht, gehen Sie nicht zu weit. Es gibt vielleicht keine Erfindung, kein radikal neues Prädikat in der Situation des sogenannten „Atomzeitalters". Von all den Dimensionen eines solchen „Zeitalters" kann man zu aller Zeit sagen: Es ist weder das erste noch das letzte Mal. Die kritische Wachsamkeit des Historikers vermag uns jederzeit zu helfen, diese Wiederholungsstruktur zu verifizieren; und diese Historiker-Geduld, diese Luzidität des Gedächtnisses, muss jederzeit die „nukleare Kritik" aufklären, sie verpflichten, die Geschwindigkeit zu drosseln, sie davor warnen, die Schlussfolgerung auf das Sujet der Geschwindigkeit selbst zu überstürzen. Aber diese Abrede und dieser Tritt auf die Bremse führen selbst ihre eigenen Gefahren mit sich: Der kritische Eifer, der dazu antreibt, überall Vorgänger, Kontinuitäten und Wiederholungen wiederzuerkennen, vermag uns zu selbstmörderischen Traumwandlern machen, die blind und taub *neben dem Unerhörten* stehen, neben dem, was – durch die assimilierenden Ähnlichkeiten der Diskurse hindurch (zum Beispiel der apokalyptischen oder chiliastischen[6] Gattung), durch die Analogie der techno-militärischen Situationen, der strategischen Dispositive hindurch mit ihren Anteilen an Wetten, Berechnungen am Rande des Abgrundes, Würfelwürfen, wechselseitigen Überbietungen, und so weiter – absolut einzigartig ist und im Schatz der Geschichte (kurz der Geschichte selbst, deren Funktion sich hierin erschöpfte) seinesgleichen sucht, das die Erfindung neutralisierte, das Unbekannte in Bekanntes übersetzte, metaphorisierte, allegorisierte, den Schrecken bändigte, die konturlose Katastrophe umrisse, das unausweichliche Hineinstürzen in eine Sintflut ohne Rest. Die kritische Verlangsamung vermag folglich genauso kritisch zu sein wie die kritische Beschleunigung. Man kann genauso sterben, nachdem man sein Leben damit verbracht hat, als hellsichtiger Historiker zu erkennen, in welchem Ausmaß all das nicht neu ist, wobei man sich damit beruhigt, dass die Erfinder des Atomzeitalters auch nicht, wie man sagt, „das Schießpulver erfunden haben". So stirbt man übrigens immer, und der Tod dessen, was man noch gewissermaßen Menschheit nennt, mag genauso wenig der Regel entkommen.

Zweiter Grund. Was ist dann die *richtige* Geschwindigkeit? Mit der Unfähigkeit, in der wir befangen sind, eine richtige Antwort auf diese Frage zu geben, müssen wir wenigstens (ich möchte sagen, mit Dankbarkeit) anerkennen, dass uns das Atomzeitalter diese Aporie der Geschwindigkeit in Bezug auf die Grenze der absoluten Beschleunigung zu denken erlaubt, an der – in der Einzigartigkeit eines allerletzten Ereignisses, eines letzten Zusammenstoßes [*collision*] oder geheimen Einverständnisses [*collusion*] – die subjektiv und objektiv, phänomenologisch und inner-weltlich, authentisch und inauthentisch und so weiter genannten Zeitlichkeiten sich zufällig vermischen würden. Aber da ich diese Fragen an die Teilnehmer eines Kolloquiums über „nuclear criticism" richten möchte, frage ich mich auch, mit welcher Geschwindigkeit wir diese Aporien behandeln sollen: mit welcher Rhetorik, welcher Strategie der Implikation, mit welchen Listen der Potentialisierung und der Ellipse, welchen Waffen der Ironie. Das „Atomzeitalter" bestimmt einen gewissen Typ von Kolloquien, der seine Technologie der Information, der Verbreitung und der Archivierung, seinen Rhythmus der Rede, seine Prozeduren der Beweisführung und folglich seine Argumente und seine Bewaffnungen, seine Weisen der Überzeugung oder von Einschüchterung hat.

Dritter Grund. Nachdem ich diese Frage, und zudem sehr schnell, über das Thema der Geschwindigkeit gestellt habe, rüste ich einseitig ab, das heißt lege ich die Karten auf den Tisch. Ich kündige an, dass ich, mangels Zeit, Zeit für die Vorbereitung und Zeit für den Sprechakt, keine richtige „Mitteilung" machen werde. Wodurch, werden Sie fragen, werde ich aber mehr Zeit in Anspruch genommen haben als alle meine

Partner. Ich wähle also, wie sie schon bemerkt haben, die rhetorische Gattung oder Form kleiner Atomkerne (im Verlauf einer Spaltung oder Teilung als ununterbrochene Kettenreaktion), die ich anordnen werde oder vielmehr die ich Ihnen entgegenschleudern werde, als kleine inoffensive Missiles: auf diskontinuierliche und mehr oder weniger aleatorische Weise. Darin wird meine kleine strategische und kapitalistische Berechnung bestehen, um potentiell und ohne zuviel Langeweile und so schnell wie möglich so viele Dinge wie möglich zu sagen. Die Kapitalisierung – und der Kapitalismus – hat immer die Struktur einer gewissen Potenzierung der Geschwindigkeit. Das war, in drei Punkten, mein *erstes Missile* oder mein erster atomarer Aphorismus: *am Anfang wird es die Geschwindigkeit gegeben haben*, die immer noch *überrundet* [*prend de vitesse*], anders gesprochen verdoppelt und überholt werden kann, sowohl in der Tat als auch im Wort.

Zweites Missile Zweite Missive

Für eine solche Leistung können wir uns als kompetent erachten, und zwar aus dem Grunde, den ich gerade sehr schnell zum Ausdruck gebracht habe: aus Geschwindigkeitsgründen.

In der Tat: Niemals und nirgends *schien* die Abtrennung des Ortes der Kompetenz vom Ort der Einsätze strenger, gefährlicher und katastrophischer. Ich sage sehr wohl: Es *schien* so. Ist es nicht *offensichtlich das erste Mal*, dass diese Abtrennung, die für den *gewöhnlichen Sterblichen* unüberbrückbarer denn je ist, das Schicksal von dem, was immer noch gewissermaßen die *gesamte* Menschheit genannt wird, sogar der gesamten Erde, in dem Moment aufs Spiel setzt, in dem Ihr Präsident sogar erwägt, außerhalb der Erde Krieg zu führen? Gibt uns diese Abtrennung, diese Dissoziation (die eine wirkliche Dis-soziation ist, die Teilung und Verteilung des Sozius, der Sozialität selbst) nicht das Wesen des Wissens und der *techne* selbst zu bedenken als Sozialisation und De-Sozialisation, als Konstitution und Dekonstruktion des Sozius?

Muss man diese Dissoziation denn ernst nehmen? Und was gilt hier als Ernst? Hier haben wir die erste Frage und folglich *den ersten Grund*, warum es nicht völlig irrelevant, inkonsequent ist, ein Kolloquium über das Atomare an einem Platz zu eröffnen, dem unsrigen, der im wesentlichen durch Nicht-Experten, durch Fragende besetzt ist, die zweifellos nicht genau wissen, wer sie sind, die nicht genau wissen, was sie berechtigt oder ihre Gemeinschaft legitimiert, aber die wenigstens wissen, dass sie keine Fachleute der Armee, der Strategie, der Diplomatie oder der atomaren Wissenschafts-Technik sind.

Zweiter Grund. Wir sind also keine Experten der Strategie, der Diplomatie oder der sogenannten atomaren Wissenschafts-Technik, und wir wären mehr dem zuzuordnen, was nicht die Menschheit [*humanité*], sondern die Humanwissenschaften [*humanités*] genannt wird, Geschichte, Literatur, Sprachen, Philologie, Sozialwissenschaften, kurz alles, was in der Kant'schen Einteilung der Universität in der unteren Klasse der Philosophischen Fakultät rangiert und aller Ausübung von Macht entwöhnt ist.[7] Wir sind mehr Spezialisten des Diskurses und des Textes, und zwar aller Sorten von Texten.

Nun werde ich wagen zu sagen, dass dies uns, allem Anschein zum Trotz, doppelt dazu befähigt, uns ernsthaft mit der atomaren Sache zu beschäftigen. Und im selben

Atemzug bestimmt uns diese Befähigung – wenn wir es noch nicht getan haben –, diese Verantwortung, der wir uns so entzogen hätten, dazu, uns mit der atomaren Sache zu beschäftigen: *zuerst* als Vertreter der Menschheit und der inkompetenten Humanwissenschaften, die mit aller Strenge das Problem der Kompetenz angesichts des Einsatzes der Menschheit und der Humanwissenschaften durchdenken müssen. Wie lässt sich angesichts der atomaren Sache eine Rede herstellen nicht allein zwischen den sogenannten Kompetenten und den angeblich Inkompetenten, sondern zwischen den Kompetenten selbst? Denn wir haben mehr als den Verdacht, ja die Gewissheit, dass es, besonders auf diesem Gebiet, eine Vielheit an getrennten, heterogenen Kompetenzen gibt. Das Wissen ist auf diesem Gebiet weder kohärent noch totalisierbar. Überdies ist die Grenze zwischen denen, die über eine wissenschaftlich-technische Kompetenz verfügen (die Erfinder im Sinne ebenso der Enthüllung oder „konstativen" Entdeckung wie der Produktion neuer technischer und „performativer"[8] Dispositive) und denen, die über eine politisch-militärische Kompetenz verfügen, die ermächtigt sind, Entscheidungen zu treffen, den zur Auslösung [*performance*] oder mit dem Auslösenden [*performatif*] Bevollmächtigten, unentscheidbarer denn je, genauso wie es die Grenze zwischen Gut und Böse aller atomaren Technologie ist. Wenn es einerseits offensichtlich das erste Mal ist, dass die Kompetenzen auf so gefährliche und wirksame Weise voneinander getrennt sind, so sind sie dafür aber in einer anderen Hinsicht noch nie so furchtbar akkumuliert, konzentriert und als ein Würfelspiel so wenigen Händen überlassen worden: Die Militärs sind auch Wissenschaftler, und sie befinden sich fatalerweise in der Situation, an der Endentscheidung mitbeteiligt zu sein, welche Vorsichtsmaßnahmen man auch diesbezüglich trifft. Sie sind alle, das heißt sehr wenige, in der Situation zu erfinden, zu inaugurieren, Prozeduren zu improvisieren und Befehle dort zu erteilen, wo kein Modell – wir werden sogleich davon sprechen – ihnen irgendeine Hilfe sein kann. Zwischen konstatieren, enthüllen, wissen, versprechen, handeln, simulieren, Befehle erteilen und so weiter ist die Grenze niemals so prekär, sogar unentscheidbar gewesen. Heute müssen *wir* ausgehend von dieser Situation (eine Grenzsituation, in der die Grenze selbst suspendiert ist, in der folglich das *krinein*, die *crisis*, die Entscheidung selbst und die Wahl sich uns entziehen, uns im Stich lassen als den Rest dieses Entzugs, der wir sind) die Beziehungen zwischen Wissen und Handeln, zwischen konstativen *speech acts* und performativen *speech acts*, zwischen der Erfindung, die findet, was schon da war, und derjenigen, die neue Dispositive und neue Orte produziert, neu denken. Wir müssen die Erfindung im Unentscheidbaren und im Augenblick einer Entscheidung ohne gemeinsames, mit irgendeinem anderen geteiltes Maß wieder-erfinden und in einer anderen Pragmatik denken.

Dritter Grund. In unserer wissenschaftlich-technischen-diplomatisch-militärischen Inkompetenz können wir uns dennoch für so kompetent erachten wie die anderen, um uns mit einem Phänomen zu beschäftigen, dessen wesentliches Charakteristikum es ist, durch und durch auf *fabulöse Weise* [*fabuleusement*] *textuell* zu sein. Die atomare Bewaffnung hängt mehr als jede bisherige Bewaffnung – so scheint es – von Informations- und Kommunikationsstrukturen, von Sprachstrukturen, auch solchen der nicht-vokalisierbaren Sprache, der graphischen Chiffrierung und Dechiffrierung, ab. Aber sie ist auch ein auf fabulöse Weise textuelles Phänomen in dem Maße, in dem – bis zum Augenblick – ein Atomkrieg nicht stattgefunden hat: Man kann davon nur sprechen und schreiben. Sie werden vielleicht sagen: Aber das geschieht nicht zum ersten Mal; auch von den anderen Kriegen konnte man, solange sie nicht stattgefunden hatten, nur sprechen und schreiben. Und was das Grauen der imaginären Antizipation betrifft, wer könnte beweisen, dass ein Europäer der Epoche nach dem Krieg von 1870 nicht entsetzter gewesen wäre über das „technologische" Bild der Bombardements und Vernichtungen des Zweiten Weltkrieges – wenn er es sogar hätte entwerfen können –, als wir es sind durch das Bild, das wir uns von einem Atomkrieg machen können? Die Logik dieses Arguments ist nicht ohne Wert, vor allem wenn man an einen begrenzten und „sauberen" Atomkrieg denkt. Aber es verliert seinen Wert angesichts der Hypothese eines totalen Atomkrieges, der als Hypothese oder, wenn Sie lieber wollen, als Phantasma das Klima aller Diskurse und aller Strategien beherrscht. Im Unterschied zu den anderen Kriegen, denen allen Kriege des im Gedächtnis der Menschen mehr oder weniger ähnlichen Typs vorhergegangen waren (und das Schießpulver markierte in dieser Hinsicht keinen radikalen Bruch), hat der Atomkrieg keinen Vorgänger. Er hat selbst noch nie stattgefunden, er ist ein Nicht-Ereignis. Die Explosion der amerikanischen Bomben von 1945 hat den klassischen Krieg beendet, sie hat jedoch nicht den Atomkrieg ausgelöst. Die entsetzliche Realität des atomaren Konflikts kann nur der bezeichnete Referent, niemals der reale Referent (in der Gegenwart oder Vergangenheit) eines

Diskurses oder eines Textes sein, wenigstens bis heute. Und das gibt uns das *Heute* zu bedenken, die Präsenz dieser Gegenwart durch jene fabulöse Textualität, und zwar besser und mehr denn je. Die zunehmende Vervielfältigung der Diskurse – selbst der Literatur – zu diesem Thema schafft vielleicht einen Prozess ängstlicher Bändigung, die antizipierende Assimilierung des nicht-antizipierbaren Ganz-Anderen. Bis zum Augenblick, heute, kann man sagen, dass ein nicht-lokalisierbarer Atomkrieg nicht stattgefunden hat, dass er nur dadurch existiert, dass man von ihm spricht, und nur dort, wo man von ihm spricht. Einige mögen ihn deshalb eine Einbildung [*fable*] nennen, eine reine Erfindung: in dem Sinn, in dem man sagt, dass ein Mythos, ein Bild, eine Fiktion, eine Utopie, eine rhetorische Figur, ein Phantasma Erfindungen sind. Man kann es auch eine Spekulation nennen – sogar eine fabulöse Vorspiegelung [*spécularisation*]. Das Zerbrechen des Spiegels wäre dann schließlich, quer durch einen Sprachakt hindurch, das Ereignis selbst des Atomkrieges. Wer könnte schwören, dass unser Unbewusstes nicht darauf wartet, nicht davon träumt, es nicht wünscht?[9] Vielleicht finden Sie es schockierend, die atomare Sache auf eine Einbildung reduziert zu sehen. Aber ich habe das auch nicht einfach so gesagt. Ich habe daran erinnert, dass der Atomkrieg bis zum Augenblick eine Einbildung war, das heißt etwas, von dem man nur reden kann. Aber wer kann die massive „Realität“ der Atomrüstung und der gewaltigen Zerstörungskräfte verkennen, die überall gespeichert werden, die sich kapitalisieren und die die Bewegung selbst der Kapitalisierung konstituieren? Man muss diese „Realität“ des Atomzeitalters und die Fiktion des Krieges unterscheiden. Aber derart lautete vielleicht der

Imperativ einer atomaren Kritik, man muss auch darauf Acht geben, diese kritische oder diakritische Unterscheidung auf kritische Weise zu interpretieren. Denn die „Realität“ des Atomzeitalters und die Einbildung des Atomkrieges sind vielleicht unterschieden, aber sie machen nicht zwei Sachen aus. Es ist der Krieg (anders gesprochen die Einbildung), der jene fabulöse Kriegsanstrengung, jene unsinnige Kapitalisierung der raffinierten Bewaffnungen, der jenen Geschwindigkeits-Wettlauf angesichts der Geschwindigkeit, jene wahnwitzige Überstürzung in Gang setzt, die, quer durch die Wissenschafts-Technik hindurch, quer durch allen von ihr motivierten wissenschaftstechnischen Erfindungsreichtum hindurch, nicht allein die Struktur der Armee, der Diplomatie, der Politik, sondern des gesamten menschlichen Sozius heute, alles dessen, was man mit alten Worten als Kultur, Zivilisation, *Bildung* [i. O. d.], *skhole*, *paideia* bezeichnete, bestimmt. Die „Realität“, sagen wir die allgemeine Institution des Atomzeitalters, entsteht durch die Einbildung, die ausgeht von einem Ereignis, das niemals geschehen ist (außer im Phantasma, was nicht nichts ist),* einem Ereignis, von dem man nur sprechen kann, einem Ereignis dessen Eintreten eine Erfindung der Menschen bleibt (in allen Bedeutungen des Wortes „Erfindung“) oder das

* Bereits 1897 sagte Freud, dass es keine Differenz zwischen der Realität und einer affektgeladenen Fiktion im Unbewussten gebe. [Sigmund FREUD, Brief an Fließ vom 21. 9. 1897: „Dann drittens die sichere Einsicht, dass es im Unbewussten ein Realitätszeichen nicht gibt, so dass man die Wahrheit und die mit Affekt besetzte Fiktion nicht unterscheiden kann.“ In: Aus den Anfängen der Psychoanalyse, Frankfurt 1962, 187. A. d. Ü.]

vielmehr zu erfinden bleibt. Sie ist eine Erfindung, weil sie von neuen technischen Dispositiven abhängig ist, das ist gewiss, aber auch eine Erfindung, weil sie nicht existiert und vor allem weil es an dem Tage, an dem sie existieren würde, eine große Premiere gäbe.

Vierter Grund. Da wir von Einbildung, Sprache, Schrift, Rhetorik, Fiktion und Phantasma sprechen, gehen wir noch weiter. Der Atomkrieg hängt von der Sprache nicht aus dem alleinigen Grund ab, weil wir von ihm nur reden können, und als etwas, das noch nie stattgefunden hat. Er hängt von der Sprache nicht aus dem alleinigen Grund ab, weil die „Inkompetenten" auf allen Seiten von ihm nur in der Weise des Geredes oder des *Meinens* (*doxa*) sprechen können – und die Grenze zwischen *doxa* und *episteme* verwischt sich, seitdem es keine absolut legitimierbare Kompetenz mehr für ein Phänomen gibt, das nicht mehr streng genommen wissenschaftlich-technisch ist, sondern durch und durch militärisch-technisch-diplomatisch-politisch, und das die *Meinung* (*doxa*) oder die Inkompetenz selbst in seine Berechnungen eindringen lässt. Es gibt nur noch *doxa*, Meinung, „belief". Man kann nicht mehr Glauben und Wissenschaft, *doxa* und *episteme*, einander gegenüberstellen, wenn man einmal zum entscheidenden Ort des Atomzeitalters gelangt ist, anders gesprochen, wenn man einmal zum kritischen Ort des Atomzeitalters gelangt ist. An diesem kritischen Ort gibt es keinen Platz mehr für eine Trennung zwischen Glauben und Wissenschaft, folglich auch keinen Platz mehr für einen streng gesprochen „nuclear criticism", noch selbst für eine Wahrheit in diesem Sinne. Keine Wahrheit, keine Apokalypse. Nein, der Atomkrieg ist nicht *allein* fabulös, weil man von ihm *allein* reden kann, sondern weil die außergewöhnliche *Raffiniertheit* [*sophistication*] der Technologien – die auch Technologien der Sendung sind, des Missiles im allgemeinen, der Mission, der Emission und der Transmission, wie alle *techne* – *wesentlich* ko-existiert, ko-operiert mit der Sophistik, der Psycho-Rhetorik und der allersummarischsten, zutiefst archaischen und der vulgärsten Meinung verhafteten Psychagogie.

Drittes Missile Dritte Missive

Wir können uns für kompetent erachten, da die Sophistik der atomaren Strategie nie ohne eine Sophistik des Glaubens und die rhetorische Simulation eines Textes auskommt.

Erster Grund. Die Weltorganisation des menschlichen Sozius wird heute von der atomaren Rhetorik in der Schwebe gehalten. Das ist unmittelbar ablesbar an der Tatsache, dass man (wenigsten auf Französisch) die gesamte offizielle Logik der atomaren Politik „Strategie der Abschreckung" nennt. Abschreckung [*dissuasion*] bedeutet „Überredung". Die Abschreckung ist eine negative Weise oder ein negativer Effekt der Überredung. Die Kunst des Überredens ist, wie Sie wissen, eine der Axen dessen, was man seit der Antike Rhetorik nennt. Abschrecken ist sicherlich überreden, aber nicht allein dazu, dies oder das zu denken oder zu glauben, was ein tatsächlicher Zustand oder eine Interpretation sein kann, sondern dazu, dass man etwas *nicht tun soll.* Man schreckt ab, wenn man jemanden davon überzeugt, dass es gefährlich, inopportun oder schlecht ist zu beschließen, etwas zu *tun.* Die Rhetorik der Abschreckung ist ein Dispositiv von Performativen hinsichtlich anderer Performative. Die Antizipation des Atomkrieges (befürchtet als das Phantasma einer restlosen Zerstörung) setzt die Menschheit – und definiert sogar durch alle Arten von Schaltstellen das Wesen der modernen Menschen – in ihren rhetorischen Rang ein. Dies in Erinnerung rufen heißt nicht, den Schrecken der atomaren Katastrophe, die bereits, sagen die einen, die Gesamtheit unserer Erde verdirbt beziehungsweise, sagen die anderen im gleichen Atemzug, verbessert, mit geschwätziger Nichtigkeit schlagen wollen; es heißt nicht, von diesem absoluten Pharmakon[10] sagen, dass es aus Worten gewebt ist, als ob man sagen würde: Dieser ganze Schrecken ist nur Rhetorik. Im Gegenteil, das gibt uns heute und rückblickend die Macht und das Wesen der Rhetorik zu bedenken; und sogar die Macht und das Wesen der Sophistik, die sich schon immer, wenigstens seit dem Krieg von Troja, der Rhetorik angeschlossen hat (bezüglich dessen, was der griechischen Bestimmung dessen unterliegt, was wir hier nicht anders als auf Griechisch Sophistik und Rhetorik zu nennen wissen).

Zweiter Grund. Jenseits dieser wesentlichen Rhetorizität müssen wir die Mitdazugehörigkeit des hyperbolischen Raffinements, der technologischen Sophistikation der *Missilität* oder Missivität[11] zur ländlichen Einfachheit [*rusticité*] der sophistischen Listen [*ruses*], die in den politisch-militärischen Hauptquartieren entwickelt werden, verorten. Die technische Vorbereitung hat zwischen dem Krieg von Troja und dem Atomkrieg einen ungeheuerlichen Fortschritt gemacht, aber die psychagogischen und diskursiven Schemata, die geistigen Strukturen und die Strukturen intersubjektiver Berechnung in der Spieltheorie haben sich nicht von der Stelle gerührt. Der technische Sprung kann noch einem Menschen aus der Zeit des Ersten Weltkrieges den Atem verschlagen, aber Homer, Quintillian oder Cicero wären nicht erstaunt gewesen, wenn sie gelesen hätten, was ich in der *New York Times* vor ein paar Tagen gelesen habe, als ich dieses „paper" vorbereitete (man muss bezüglich dessen, was ich über die *doxa* sagen will, die Zeitungen als die beste Bezugsquelle ansehen). Es ist ein Artikel von Leslie H. Gelb, dem *Times* National Security-Korrespondenten in Washington. Gelb (ich mag diesen Namen besonders, ich werde Ihnen gleich sagen warum) ist sichtbar der Reagan-Administration nicht zugeneigt. Sein Artikel nimmt Partei, er stellt das dar, was man eine „Meinung", einen Glauben nennen kann. Ich möchte nur einen Punkt aus einem an Informationen sehr reichhaltigen Artikel herausstellen. Einer der Untertitel der Zeitung nimmt die Worte des Textes auf in der Formulierung: „Reagan dehnt die Bedeutung von Abschreckung, sagt der Autor. Die Überlegenheit erlangen führt zu diplomatischer Macht." Und in der Tat analysiert der Diskurs von Gelb den unterstellten Glauben der Reagan-Administration in einem gewissen Moment. Er kommt folglich zu dem Schluss, von den Meinungen, der *doxa*, dem Glauben (das sind alte Wörter, veraltete Sachen: Wie lassen sie sich in die Welt der atomaren Technologie integrieren?) nicht eines Individuums noch selbst einer Gruppe von Individuen zu sprechen, sondern von dieser Körperschaft, genannt „Administration". Wo findet sich aber der „Glaube" einer Administration? Die ganze Theorie der strategischen Spiele, die Gelb analysiert, integriert also einen Glauben, der zum einen zugeschrieben oder unterstellt ist, und einen Glauben oder eine Meinung, die andererseits induziert sind. Des weiteren bezieht Gelb die Bewertung durch die Sowjets mit ein (folglich ihren Glauben), nicht allein was die atomare Kraft der Amerikaner betrifft, sondern auch ihre Entschlossenheit, das heißt was ihren

Glauben an sich selbst betrifft. Nun gut, was geschieht auf Seiten des amerikanischen Glaubens der Ära Reagan? Man wohnt einerseits einer Evolution des Glaubens bei, andererseits einer offensichtlichen rhetorischen Innovation, der Wahl eines neuen Wortes, das plötzlich von einer doppelten Hermeneutik begleitet ist, von einer geheimen und einer öffentlichen Exegese; es handelt sich um das eine kleine Wort „vorherrschen" (*to prevail*), dessen Gewicht, Bewertung und unterstellte Effekte wenigstens ebensoviel Bedeutung haben wie gewisse technologische Veränderungen, die auf beiden Seiten von der Art wären, die strategischen Gegebenheiten einer eventuellen bewaffneten Auseinandersetzung zu verschieben. Sie kennen die Episode besser als ich: Es handelt sich um die in dem Dokument „Fiscal Year 1984-1988 Defense Guidance" (Frühjahr 1982) definierte Politik, der zu Folge die Vereinigten Staaten im Verlaufe eines Atomkrieges von einiger Dauer „die Vorherrschaft erringen müssen"; diese offiziell und geheim beschlossene Politik wurde daraufhin von Weinberger, dem gegenwärtigen Verteidigungsminister, in zwei Briefen offiziell widerrufen (August 1982, Juli 1983), die von Theodore Draper zitiert und kommentiert worden sind (*Nuclear Temptations*, New York Review of Books, 19. Januar 1984). Offensichtlich kommt alles in der öffentlichen oder geheimen Exegese dessen zusammen, was jenes Wort „vorherrschen" implizit bedeuten kann oder soll. Folgen wir jetzt dem Wort „Glaube" (*belief*) in der Interpretation, die Gelb von dieser Folge gibt:

In dem *offensichtlichen Glauben* der Reagan Administration, fähig zu sein, gegenwärtig einen einmal begonnenen Atomkrieg zu kontrollieren und für die Zeitspanne von vielleicht Monaten durchzustehen, ist die Doktrin über wohlverstandene Grenzen hinausgegangen. Ein solcher *Glaube* kann irgendeinen Führer eines Tages dazu führen zu *denken*, dass er es riskieren könne, einen Atomkrieg zu beginnen, da er fähig sei, eine komplette Katastrophe zu verhindern. Aber die Reagan-Administration ging noch weiter, indem sie die Idee von 1950 wiedereinführte, danach zu streben, einen Atomkrieg zu gewinnen. Während der letzten 20 Jahre hat die Administration Worte wie „Präventivschlag" oder „Vermeidung eines ungünstigen Ergebnisses" gebraucht, um ihrem *Glauben* Ausdruck zu verleihen, dass es keinen Gewinner in einem Atomkrieg geben könne. In der Folge der Beunruhigung, die durch den geheimen Gebrauch des Wortes „vorherrschen" verursacht worden ist, stellte Mr. Weinberger fest, dass „nirgends davon die Rede ist, dass davon ausgegangen wird (gehen wir davon aus), dass ein Atomkrieg zu gewinnen ist. Dieser Begriff hat keinen Platz in unserer Strategie. Wir betrachten atomare Waffen allein als einen Weg, die Sowjets darin zu entmutigen, dass sie *denken*, sie könnten sie jemals erreichen."

Dadurch wird die Vielheit der Rhetoriken in ein Verhältnis zur Vielheit der vermuteten Empfänger gesetzt: geheime Dimension oder öffentliche Dimension innerhalb der Vereinigten Staaten, amerikanische oder nichtamerikanische öffentliche Meinung, amerikanische oder sowjetische Entscheidungsträger, als ob übrigens der sowjetische Gegner nicht in der Lage wäre, umgehend die Totalität dieser Variablen in seine Berechnungen mit ein zu beziehen. Tschernenko hat gerade erst die „Rhetorik" – es ist sein Ausdruck – Reagans denunziert. Und auch Gelb bedient sich des Wortes „Rhetorik" („Reagans Deklarations-Politik entspricht ganz und gar der alten Amts-Rhetorik"). Aber setzen wir die Lektüre Gelbs fort:

Mr. Reagan veröffentlichte auch Dementis. Nichtsdestotrotz bleibt der Verdacht, dass die Führer der Administration irgendetwas *im*

Sinn haben, wenn sie dieses Wort wählten. Es gibt offizielle Vertreter in dieser Administration, die von der Wahrscheinlichkeit eines Atomkrieges gesprochen und geschrieben haben und von der Notwendigkeit für die Vereinigten Staaten, sich darauf vorzubereiten zu kämpfen, zu überleben und zu gewinnen. Wie weit *diese Ansicht geteilt wird* in der Administration, ist nicht klar. Die nachsichtige Erklärung, die zugleich *am meisten mit meiner eigenen Erfahrung mit offiziellen Vertretern Reagans übereinkommt, ist die, dass Vorherrschen für sie wirklich auf die Zielvorstellung hinausläuft, eine strategische atomare Überlegenheit über die Sowjetunion zu erlangen.* Viele dieser offiziellen Vertreter haben mitgeholfen, die republikanische Wahlerklärung von 1980 zu entwerfen, die fordert, dass überall eine militärische und technologische Überlegenheit über die Sowjetunion erreicht werden soll. Für viele des Reagan-Teams ist atomare Überlegenheit wichtig, nicht weil sie voller Hoffnung sind zu kämpfen und einen Atomkrieg zu gewinnen, sondern weil *sie glauben, dass diese Art von Überlegenheit übersetzbar ist in diplomatische Macht* und, im Fall einer Krise, die andere Seite in die Knie zu zwingen vermag. Diese Idee ist hochgradig diskussionswürdig und *ich glaube* nicht von Evidenz getragen.

Gelb (dessen Name homonym ist mit dem des ersten Autors des ersten Buches, das den Begriff *Grammatologie* im Titel führte; dies auch, um davon zu berichten, dass ich die *Grammatologie*[12] geschrieben habe) *glaubt* also („I believe"), dass es keine „Evidenz", keinen Beweis gibt. Er glaubt, dass es nur Überzeugungen gibt. Der „Reagan"-Glaube ist nicht auf Beweise gegründet. Aber er könnte es per definitionem auch nicht sein, da es in diesem Bereich keine Beweise gibt. Es gibt nur einen Beweis, und das ist der Krieg, der übrigens nichts beweist. Alles was der gegnerische Diskurs dem „Reagan"-Glauben entgegensetzen kann, ist ein anderer Glaube, nämlich seine eigene Hermeneutik und seine eigene Rhetorik. „Ich glaube", schreibt Gelb.

Was die Übersetzung (*translation*) eines neuen Wortes („vorherrschen") „in diplomatische Macht" anbelangt, so könnte man zunächst denken, dass das Wort „Übersetzung" in seinem weiten, vagen und metaphorischen Sinne genommen ist: In der Tat handelt es sich darum zu übersetzen und ein Wort (vorherrschen) im Verlauf einer nichtlinguistischen Übertragung in einen anderen Bereich („in diplomatische Macht") zu befördern. Das ist unbestreitbar, aber die Sache verkompliziert sich nichtsdestotrotz von dem Moment an, wo man sich der Tatsache bewusst wird: Die „diplomatische Macht" würde nicht ohne die Struktur eines Textes existieren, und zwar eines Textes in dem uneingeschränkten Sinn, den ich diesem Wort gebe, und eines Textes im allerstrengsten traditionellen Sinn dieses Begriffs. Es gibt nur Text im diplomatischen Moment, das heißt die Sophistik-Rhetorik der Diplomatie. Und Sie erinnern sich der Bemerkung von Clausewitz über Diplomatie und Krieg.

Viertes Missile Vierte Missive

An die Aporien des atomaren Referenten glauben wir nicht.
Unter dem Titel des *nuclear criticism*, auf einem von der Zeitschrift *Diacritics* organisierten Kolloquium, haben wir von der Literatur zu sprechen, von der Literatur, die ich hier unterscheiden werde von der Poesie, der Epik, der schöngeistigen Literatur im allgemeinen. Nun scheint es so, dass die Literatur nicht hat entstehen können ohne erstens ein Projekt der Archivierung, der Akkumulation des objektiven Gedächtnisses jenseits aller mündlichen Traditionsvermittlung, zweitens die Konstitution eines positiven Rechts, welches das Autorenrecht, die Identifizierbarkeit des Unterzeichners und des Korpus, die Unterscheidung zwischen Original und Kopie, Original und Plagiat und so weiter

einschließt. Die Literatur reduziert sich nicht auf diese Archivierungsform und auf diesen Rechtszustand, aber sie könnte sie nicht überdauern, ohne ihren Namen Literatur zu verlieren. Was uns nun die Einzigartigkeit des Atomkrieges vielleicht zu denken gibt, sein Zum-ersten-Mal- und vielleicht Zum-letzten-Mal-Sein, seine absolute Erfundenheit, was sie uns zu denken gibt, selbst wenn sie ein Köder, ein Glaube, eine phantasmatische Projektion bleibt, das ist offensichtlich die Möglichkeit einer irreversiblen restlosen Zerstörung des literarisch-juridischen Archivs und folglich des Fundaments der Literatur und der Kritik;[13] nicht notwendigerweise die Zerstörung der Menschheit, der Erde, noch selbst anderer Diskurse (Kunst oder Wissenschaft), sogar nicht der Poesie oder der Epik; diese könnten ihren Lebensprozess und ihr Archiv wiederherstellen, jedenfalls in dem Maße, in dem die Struktur dieses Archivs (die eines nichtliterarischen Gedächtnisses) strukturell die Verweisung auf einen realen und dem Archiv selbst äußerlichen Referenten impliziert. Ich sage genau: in dem Maße und in dieser Hypothese. Es ist nicht sicher, dass all die anderen Archive, was auch immer ihr materieller Träger ist, einen solchen absolut außerhalb ihrer selbst, außerhalb ihrer eigenen Möglichkeit befindlichen Referenten besitzen. Wenn ja, dann können sie sich berechtigter Maßen wiederherstellen und folglich auf eine andere Weise überleben. Wenn sie aber keinen Referenten haben, oder insoweit dieser sich nicht außerhalb von ihnen befindet, befinden sie sich in der gleichen Situation wie die Literatur. Man könnte sagen, dass sie an der Literatur teilhaben, insofern diese ihren Referenten als fiktiven oder fabulösen Referenten produziert, der an sich selbst von der Möglichkeit der

Archivierung abhängt, der an sich selbst durch den Akt der Archivierung geschaffen wird. Das würde zu einer beachtlichen – einige würden sagen: missbräuchlichen – Ausdehnung des Feldes der Literatur führen. Aber wer hat bewiesen, dass die Literatur ein Feld mit unteilbaren und einfach bestimmbaren Grenzen ist? Die unter dem Namen der Literatur bekannten Ereignisse sind bestimmbar; und es gibt im Prinzip eine mögliche Geschichte dieses Namens und der an dieser Benennung festgemachten Konventionen. Aber das gilt nicht gleichermaßen für die strukturellen Möglichkeiten dessen, was sich so benennt und sich nicht nur auf die bereits unter diesem Namen bekannten Ereignisse begrenzt.

Wir haben uns hier auf die Hypothese einer totalen und restlosen Zerstörung des Archivs eingelassen. Diese würde zum ersten Mal stattfinden, und sie hätte keinen gemeinsamen Vergleichsmaßstab, zum Beispiel mit dem Brand einer Bibliothek, und sei es die von Alexandria, die soviel Tinte fließen ließ und soviel Literatur versorgte. Die Hypothese dieser totalen Zerstörung wacht über die Dekonstruktion, sie leitet ihre Schritte, wobei sie im Lichte, wenn man so sagen kann, dieser Hypothese oder dieses Phantasmas erlaubt, die den Diskursen, den Strategien, den Texten oder den Institutionen, die es zu dekonstruieren gilt, eigenen Strukturen und ihre Historizität wiederzuerkennen. Aus diesem Grunde gehört die Dekonstruktion, oder wenigstens das, was sich heute unter diesem Namen hervortut, zum Atomzeitalter; und zum Zeitalter der „Literatur". Wenn man Literatur das nennt, dessen Existenz, Möglichkeit und Bedeutung am radikalsten bedroht sind – zum ersten und letzten Mal – durch die Atomkatastrophe, so gibt dies das Wesen der Literatur, ihre radikale Unsicherheit und Form ihrer

Historizität zu bedenken; aber im gleichen Atemzug gibt sich durch sie hindurch die *Totalität* dessen zu denken, was, wie sie, und seither in ihr, sich derselben Bedrohung ausgesetzt findet, was durch die gleiche Struktur historischer Fiktionalität entstanden ist und seinen eigenen Referenten produziert und mit sich fortnimmt. Man kann seither bestätigen, dass die Historizität der Literatur durch und durch zeitgenössisch ist oder vielmehr strukturell unabtrennbar von etwas wie einer atomaren *Epoche*: Unter atomarer „Epoche" verstehe ich auch die *epoche*, die das Urteil vor der absoluten Entscheidung suspendiert. Das Atomzeitalter ist keine Epoche, es ist die absolute *epoche*; es ist nicht das absolute Wissen und das Ende der Geschichte, es ist die Epoche des absoluten Wissens. Die Literatur gehört zu dieser atomaren Epoche, derjenigen der Krise und der atomaren Kritik, wenigstens wenn man darunter den historischen und ahistorischen Horizont einer absoluten Auto-Destruierbarkeit ohne Apokalypse, ohne Offenbarung der eigenen Wahrheit, ohne absolutes Wissen versteht.

Diese Aussage ist nicht abstrakt, sie betrifft nicht allgemeine und formale Strukturen, irgendeine Gleichung zwischen einer auf jedes Archiv sich erstreckenden Literarität und einer Auto-Destruierbarkeit im Allgemeinen. Nein, es würde sich bei meiner Hypothese um das „synchrone" Auftauchen handeln, eine Mit-Dazugehörigkeit des Vernunftprinzips (seit dem 17. Jahrhundert entsprechend der Ordnung der Repräsentation, der Herrschaft der Struktur Subjekt/Objekt, der Metaphysik des Willens, der modernen Wissenschafts-Technik interpretiert; ich verweise hier kurz auf Heidegger, der sich übrigens weniger für den Atom*krieg* interessierte als für das Atomzeitalter als Zeitalter der In-Formation, die eine Figur des Menschen formt und in-formiert. Vergleiche: *Der Satz vom Grund*,[14] und so weiter) und des Literaturprojekts im strengen Sinne, das man nicht weiter als bis ins 17. und 18. Jahrhundert zurückverfolgen kann. Um diese Hypothese vorzubringen, muss man nicht notwendigerweise Heidegger in seiner Interpretation des Vernunftprinzips und seiner Wertschätzung der Literatur (unterschieden von der Poesie) folgen, so wie sie zum Beispiel in *Was heißt Denken*[15] vorliegt. Aber ich habe mich an anderer Stelle darüber ausgesprochen und kann mich hier nicht auf diese Richtung einlassen. In dem, was ich hier in einem anderen Sinn als absolute Epoche bezeichne, wird Literatur nur geboren und lebt nur in ihrer eigenen Unsicherheit, ihrer tödlichen Bedrohung und ihrer wesentlichen Endlichkeit. Die Bewegung ihrer Einschreibung ist selbst die Möglichkeit ihres Verblassens. Man kann sich also nicht damit zufrieden geben zu sagen, dass eine Literatur und eine literarische Kritik sich auf die atomare Angelegenheit beziehen müssen, sogar sich von ihr beherrschen lassen müssen, um heute ernst und interessant zu werden. Man muss es sagen und es stimmt. Aber ich glaube auch, dass sie das, wenigstens indirekt, schon immer getan haben. Die Literatur hat schon immer zur atomaren Epoche gehört, selbst wenn sie darüber nicht „ernsthaft" spricht. Und in Wahrheit glaube ich, dass sie „ernsthafter" in Texten von Mallarmé, Kafka und von Joyce zum Beispiel in Frage steht als in heutigen Romanen, die ohne Umschweife und realistisch eine „echte" Atomkatastrophe beschreiben.

Dies wäre die *erste Version eines Paradoxes des Referenten*. In zwei Punkten: 1. Die Literatur gehört zum Atomzeitalter aufgrund des performativen Charakters ihres Bezugs auf den Referenten. 2. Der Atomkrieg hat nicht stattgefunden, er ist eine Spekulation, eine Erfindung im Sinne der Phantasie oder eine Erfindung, die es zu erfinden gilt, um ihm stattfinden zu lassen oder zu verhindern, dass er stattfindet (man braucht soviel Erfindungsgabe für das eine wie für das andere), und bis zum Augenblick ist er nur Literatur. Einige könnten daraus schließen, dass er also nicht real, völlig suspendiert ist, dass er in seiner phantastischen und literarischen *epoche* verbleibt.

Aber wir glauben – das ist die andere Version oder die andere Seite desselben Paradoxes – nur an den atomaren Referenten. Fünftes Missile Fünfte Missive

Wenn wir absolut in Begriffen der Referenz sprechen wollen, so ist der Atomkrieg der einzig mögliche Referent eines jeden Diskurses und einer jeden Erfahrung, die ihre Bedingung mit der von Literatur teilt. Wenn – entsprechend einer strukturierenden Hypothese oder eines strukturierenden Phantasmas – der Atomkrieg der totalen Vernichtung des Archivs entspricht, wenn nicht der Erde, so wird er der absolute Referent, der Horizont und die Bedingung aller anderen Referenten. Ein individueller Tod, eine Zerstörung, die nur einen Teil der Gesellschaft, der Tradition, der Kultur betrifft, kann immer noch Anlass geben zu einer symbolischen Trauerarbeit mit ihren Momenten des Gedächtnis, der Kompensation, Interiorisation, Idealisierung, Verschiebung und so weiter. Es gibt in diesem Fall die Monumentalisierung, Archivierung und *Bearbeitung des Restes*, die *Arbeit des Restes*. Gleichermaßen kann mein eigener Tod, wenn ich so sagen kann, als Individuum jederzeit phantasmatisch und auch symbolisch antizipiert werden als eine Negativität in der Arbeit: Eine Dialektik des

Werks, der Unterschrift, des Namens, des Erbes, Bildes, der Trauer, aller Hilfsmittel des Gedächtnisses und der Tradition kann die Realität dieses Todes tilgen, dessen Antizipation also durchwirkt bleibt von Fiktionalität, Symbolizität oder, wenn Sie lieber wollen, von Literatur; und selbst wenn ich diese Antizipation mit Angst, Schrecken und Verzweiflung als eine Katastrophe sehe, die ich aus keinem Grunde nicht als der Vernichtung der gesamten Menschheit gleich ansehe: Sie findet bei jedem individuellen Tod statt; es gibt kein gemeinsames Maß, das mich angemessen überzeugte, dass eine persönliche Trauer weniger gravierend ist als ein Atomkrieg. Aber eine Kultur und ein soziales Gedächtnis können sich symbolisch mit jedem Tod belasten (das ist sogar ihre wesentliche Funktion und ihr Daseinsgrund). Sie begrenzen in diesem Maße die „Realität" dessen, sie tilgen sie im „Symbolischen". Der einzige absolut reale Referent besteht folglich im Ausmaße einer absoluten atomaren Katastrophe, die irreversibel das gesamte Archiv und alle symbolische Kapazität zerstört, das „Überleben" selbst im Herzen des Lebens. Dieser absolute Referent aller möglichen Literatur besteht im Maße des absoluten Verblassens jeder möglichen Spur, er ist folglich die einzige unauslöschliche Spur als Spur des ganz Anderen. Das einzige „Sujet" aller möglichen Literatur, aller möglichen Kritik, ihr einziger allerletzter und asymbolischer nicht symbolisierbarer, ja sogar nicht zu bezeichnender Referent, das ist, wenn nicht das Atomzeitalter oder die Atomkatastrophe, so doch zumindest das, worauf der atomare Diskurs und die atomare Symbolik *noch verweisen*: die restlose und a-symbolische Zerstörung der Literatur. Die Literatur und die Literaturkritik können von nichts anderem sprechen, sie können keinen anderen allerletzten Referenten haben, sie können allein die strategischen Manöver vervielfältigen, das nicht assimilierbare ganz Andere zu assimilieren. Sie stellen nur diese Manöver und diese diplomatische Strategie dar, mit dem „double talk", das sich niemals darauf reduzieren lässt. Denn gleichzeitig vermag dieses „Sujet" kein benennbares „Sujet", noch dieser „Referent" ein benennbarer „Referent" zu sein. Obgleich sie nur davon sprechen kann, vermag Literatur dennoch nur von etwas anderem zu sprechen und Stratageme zu erfinden, um von etwas anderem zu sprechen und die Begegnung mit dem ganz Anderen aufzuschieben, mit der diese beziehungslose, inkommensurable Beziehung dennoch nicht völlig aufgehoben ist, obgleich es die epochale Aufhebung selbst ist. Dies ist die einzig mögliche Erfindung. Man kann das, was ich sage, in einen geläufigen Diskurs der militärisch-diplomatischen Strategie übertragen: Nehmen Sie als Beispiel das, was Theodor Draper in einem Artikel sagt, der den Titel trägt: *How not to think about nuclear war* (New York Review of Books, 15. Juli 1982). Nachdem er die ganze Strategie des „no first use" von Atomwaffen, das einem „no use" gleichkäme, kritisiert hat, nachdem er sich lustig gemacht hat über das „Reich des utopischen Obskurantismus" von Jonathan Schell, der in *Das Schicksal der Erde* davon gesprochen hat, „Politik neu zu erfinden" und „die Welt neu zu erfinden" („eine weltweite, zugleich atomare und konventionelle Abrüstung und die Erfindung von politischen Mitteln, durch die die Welt friedlich die Probleme lösen kann, die die ganze Geschichte hindurch durch Krieg gelöst wurden"), geht Draper plötzlich auf das über, was als eine Weisheit oder eine Ökonomie der *différance* erscheinen kann: Soviel Zeit wie möglich gewinnen, wobei man unumgehbare Zwangsläufigkeiten berücksichtigt, auf den ursprünglichen Sinn der Abschreckung wenn möglich (als ob es möglich wäre) zurückkommen, der insgesamt in letzter Zeit verlorengegangen oder verkehrt worden ist: „Abschreckung ist alles, was wir haben. Wie bei vielen derartigen Begriffen, die verbraucht und missbraucht werden ist es das Beste, auf ihre ursprüngliche Bedeutung zurückzugehen." Ich kann nicht ins Detail dieses Diskurses gehen, der eine minutiöse und aufmerksame Analyse verdiente, besonders in dem Moment, wo er unter Bezugnahme auf Solly Zuckerman (*Nuclear Illusion and Reality*) den Weisen eine größere Verantwortlichkeit zuschreibt als den Militärs und Politikern. In seinem Kapitel über *Der Rat von Wissenschaftlern* zeigt Zuckermann, wie Draper erinnert, „wie sie die Politiker und Militärs herumgestoßen haben; das Wettrüsten, so warnte er, kann nur beendet werden, wenn die Politiker ‚die Techniker in Verwahrung nehmen'. Diese Umkehrung der gewöhnlichen Rollenauffassung wird den meisten Lesern eine Überraschung sein."

Sechstes Missile Sechste Missive

Ein absolutes Missile löscht den Zufall nicht aus.[16]

Gegen diese „vernünftige" und „realistische" Weisheit der Abschreckung, diese Ökonomie der Differenz oder der Abschreckung, ist nichts ernsthaft einzuwenden. Der einzige mögliche Vorbehalt, jenseits eines Einwandes, ist der, dass, wenn es Kriege und eine atomare Bedrohung gibt, dem so ist, weil die „Abschreckung" weder eine „ursprüngliche Bedeutung" noch ein ursprüngliches Ausmaß hat. Ihre „Logik" ist die der Abweichung und der Überschreitung, sie ist eine rhetorisch-strategische

Eskalation oder nichts. Sie liefert sich mit Berechnung dem Unberechenbaren, dem Zufall und dem Glücksfall aus. Gehen wir von jenem Gedanken der Sendung aus, dem zu Folge Heidegger schließlich das Denken des Seins als Denken der Gabe und dessen neu auf wirft, was zu denken gibt, des „es gibt Sein", der Aussendung oder Sendung des Seins (Geschick des Seins).[17] Diese Sendung ist nicht das Absenden eines Missiles oder einer Missive, aber ich glaube nicht, dass es in letzter Instanz möglich ist, das eine ohne das andere zu denken. Ich kann hier nur Titel möglicher Diskurse festsetzen. Ich habe anderswo oft versucht, die Teilbarkeit und die irreduzible Dissemination *der* Sendungen[18] zu akzentuieren. Das, was ich die „Bestimmungsirrung" [*destinerrance*] genannt habe, gibt uns nicht einmal die Versicherung *eines Geschicks* des Seins, eines Sammelns des Geschicks des Seins. Wenn die ontisch-ontologische Differenz das Sammeln dieses Geschicks versichert, dann gehen die Dissemination und die Bestimmungsirrung, von denen ich rede, so weit, diese ontisch-ontologische Differenz aufzuheben. Sie epochalisieren sie ihrerseits. Doch kann ich von dieser Bewegung nur den Weg angeben. Die Bestimmungsirrung der Sendungen ist einer Struktur verbunden, deren Zufälligkeit und Unberechenbarkeit irreduzibel ist. Ich spreche hier nicht von einer Unentscheidbarkeit oder einer Unberechenbarkeit als Vorbehalt einer berechenbaren Entscheidung. Ich spreche nicht von einer noch unbestimmten, aber der Ordnung der Entscheidbarkeit und Berechenbarkeit homogenen Spanne [*marge*]. Wie in meinem Vortrag über *Psychè. Inventions of the other*,[19] handelt es sich um eine Zufälligkeit, die aller möglichen Berechnung und aller möglichen Entscheidung heterogen ist. Dieses

Undenkbare gibt sich in dem Zeitalter zu denken, wo ein Atomkrieg möglich ist; eine oder vielmehr, als Spieleröffnung, *einige* Sendungen, Missiles, deren Bestimmungsirrung und Zufälligkeit selbst im Prozess der Berechnung und den Simulationsspielen außer aller Kontrolle geraten können, außer aller Re-Assimilation und Selbst-Regulation eines Systems, das sie *überstürzt* (zu schnell, um dem Schlimmsten vorzubeugen) aber unwiderruflich zerstört haben werden.

Gleichermaßen wie alle Sprache, alle Schrift, wie jeder poetisch-performative oder theoretisch-informative Text schickt, sich schickt, sich schicken lässt, gleichermaßen lassen sich die Missiles heute, was auch immer der Träger sein mag, leichter denn je als Schriftsendungen (Code, Einschreibung, Spur und so weiter) beschreiben. Das reduziert sie nicht auf die unterwürfige Inoffensivität, die man naiver Weise Büchern zuschreiben würde. Das ruft (exponiert, lässt explodieren) vielmehr das in Erinnerung, was immer in der Schrift die Kraft einer Todesmaschine mit sich führt.

Die aleatorische Bestimmungsirrung der Sendung erlaubt, wenn man so sagen kann, das Zeitalter des Atomkriegs zu denken. Aber dieses Denken hat allein – als übrig bleibendes Denken des „Restlosen" – im Atomzeitalter radikal werden können. Dieses Zeitgenössische ist nicht historisch im trivialen Sinn des Ausdrucks.[20] Es musste Zeichen von sich geben, *schon bevor* die Atomtechnik den Stand erreicht hat, auf dem sie jetzt mit ihren Erfindungen ist: ebenso in der Demokrit'schen Physik wie bei Nietzsche oder Mallarmé, unter vielen anderen. Doch verdecken wir nicht die große Skandierung dieser Geschichte, die einen mit ihr nicht proportionalen Geschichtsbegriff hervorgebracht hat: den Augenblick, in dem die Bildung des Vernunftprinzips durch Leibniz (und alles dessen, was es der modernen Wissenschafts-Technik vorschreibt) in Einklang kommt mit der Kern-Frage der Metaphysik, die derselbe Leibniz stellt und um die herum Heidegger 1929 (zwischen dem ersten und dem letzten „Weltkrieg") die Wiederholung selbst des Wesens der Metaphysik organisiert in *Was ist Metaphysik*: „Warum ist überhaupt Seiendes und nicht vielmehr nichts?"[21]

Von daher ergibt sich ein weiteres Mal die Notwendigkeit und die Unmöglichkeit, das Ereignis zu denken, das Kommen eines ersten Mals, das zugleich ein letztes Mal wäre. Aber genau die Bestimmungsirrung der Sendungen ist dasjenige, was zugleich das erste Mal vom letzten Mal trennt und es als dieses wiederholt.

Siebentes Missile
Siebente Missive

Der Name des Atomkrieges ist der Name des ersten Krieges, der allein im Namen des Namens, das heißt von allem und nichts ausgetragen werden kann.

Gehen wir bei der letzten Sendung noch einmal von der Homonymie zwischen dem kantischen Kritizismus und dem „nuclear criticism" aus. Zunächst sage ich bezüglich des Sujets dieses Namens „nuclear criticism" voraus, dass schon bald nach diesem Kolloquium an den Universitäten Programme und Abteilungen unter diesem Titel gegründet werden, so wie bereits, bei aller Zweideutigkeit der Sache, Programme und Abteilungen für „women studies" oder „black studies" gegründet worden sind – alles Sachen, die, obwohl sie schnell von der universitären Institution wiederangeeignet worden sind, nichtsdestoweniger im Prinzip und vom Konzept her auf das Modell der *universitas* zurückzuführen sind (aber das wäre wieder zu weit, es hier darzulegen). Der „nuclear criticism" ist ebenso wie der kantische Kritizismus ein

Denken der Grenzen der Erfahrung als Denken der Endlichkeit. Der *intuitus derivatus* des rezeptiven (das heißt sensiblen) Seins, wofür das menschliche Subjekt nur ein Beispiel ist, zeichnet sich vor dem Hintergrund der Möglichkeit eines *intuitus originarius* ab, eines unendlichen Intellekts, der seine eigenen Gegenstände mehr erzeugt als erfindet. Was die Geschichte der Menschheit betrifft, so geht dieses Beispiel endlicher Vernünftigkeit von der Möglichkeit eines Fortschritts ins Unendliche aus, der durch eine Idee der Vernunft im kantischen Sinne und die Möglichkeit eines Vertrags zum ewigen Frieden[22] geregelt wird.

Ein solcher Kritizismus verwirft eine Endlichkeit so radikal, dass er den Grund der Entgegensetzung annulliert und erlaubt, die Grenze selbst des Kritizismus zu denken. Diese selbst kündigt sich in der Grundlosigkeit einer restlosen Auto-Destruktion des *autos* selbst, des „Selbst", an. Woraufhin der Kern des Kritizismus selbst aufplatzt.

Wenn nun *einerseits* Hegel die implizite Konsequenz des kantischen Kritizismus entfaltet und daran erinnert oder postuliert, dass man *explizit* von einem Denken des Unendlichen ausgehen muss, von dem der kantische Kritizismus in der Tat hat implizit ausgehen müssen, und *andererseits* den Zugang zum Leben des Geistes und zum Bewusstsein im Durchgang durch den Tod oder das Risiko des biologischen (sagen wir natürlichen) Todes, durch den Krieg und den Kampf um die Anerkennung, bestimmt, so muss er immer noch diesen Rest an natürlichem Leben aufrechterhalten, der symbolisch erlaubt, den Nutzen des Risikos, des Krieges, ja sogar des Todes zu kapitalisieren. Ob als Individuum oder als Gemeinschaft, der Herr muss Überleben, um den symbolischen Nutzen (im Geist und im Bewusstsein) des riskierten oder erlittenen Todes zu genießen. Er nimmt Risiken auf sich und er stirbt im Namen von etwas, das mehr gilt als das Leben, aber von etwas, das noch *seinen Namen* im Leben *tragen* wird, in einem Rest vom lebenden Träger. Das ist es, was Bataille lachen machte: Der Herr muss leben, um den Nutzen des riskierten Todes einzulösen und ihn zu genießen.

Heute, in der Perspektive einer Zerstörung ohne Rest, ohne Trauer und ohne symbolische Bedeutung, denken diejenigen, die im Auge haben, eine solche Katastrophe auszulösen, daran sicherlich im Namen dessen, was in ihren Augen mehr gilt als das Leben („rather dead than red").

Diejenigen dagegen, die nichts mit der Katastrophe zu tun haben wollen, sind bereit, jedes beliebige Leben, Hauptsache das Leben, als die einzige Sache vorzuziehen, die es wert ist, bejaht zu werden. Aber der Atomkrieg – in dem hypothetischen Maße totaler Auto-Destruktion – kann immer nur im Namen dessen stattfinden, was mehr gilt als das Leben, was, indem es dem Leben seinen Wert gibt, mehr gilt als es. Er findet also statt im Namen von … Das ist jedes Mal die Geschichte, die die Kriegsführer immer erzählen. Aber da es im Namen dessen geschieht, dessen Name – entsprechend dieser Logik totaler Zerstörung – nicht mehr getragen, übertragen, durch etwas Lebendes vererbt werden kann, so wäre dieser Name, im Namen dessen der Krieg stattfände, der Name von nichts, es wäre der reine Name, der „naked name". Es wäre der erste und der letzte Krieg im Namen des Namens, des alleinigen Namens „Namen". Es wäre ein Krieg ohne Namen, denn er teilte nicht einmal den Namen des Krieges mit anderen Ereignissen der gleichen Gattung, der gleichen Familie. Es wäre ein namenloser

Krieg im Namen des Namens. Es wäre das Ende und die Offenbarung des Namens selbst, die Apokalypse des Namens.

Sie werden sagen: Aber alle Kriege haben im Namen des Namens stattgefunden, um mit dem Krieg zwischen Gott und den Söhnen von Sein zu beginnen, die sich einen Namen machen und ihn übertragen wollten, indem sie den Turm von Babel bauten. Das ist wahr, aber zwischen den kriegsführenden Parteien kam die „Abschreckung" ins Spiel, und der Konflikt wurde vorläufig unterbrochen: Tradition, Übersetzung, Übertragung wurden lange aufgeschoben. Und auch das absolute Wissen. Weder Gott noch die Söhne von Sein (Sie wissen, dass Sein „Name" bedeutet, dass sie also den Namen „Namen" trugen) wussten absolut, dass sie sich im Namen des Namens bekämpften, und im Namen von nichts anderem, also von nichts. Aus diesem Grunde hörten sie auf und trafen einen lang währenden Kompromiss. Wir haben das absolute Wissen, und genau aus diesem Grunde laufen wir Gefahr, nicht aufzuhören. Es sei denn, die Umkehrung gälte: Nachdem Gott und die Söhne von Sein eingesehen hatten, dass ein Name das Opfer nicht wert sei – und das wäre das absolute Wissen –, zogen sie es vor, wieder eine Zeitlang zusammen zu verbringen, die Zeit eines langen Kolloquiums mit Strategen, die verliebt in das Leben sind und damit beschäftigt, in allen Sprachen zu schreiben, um das Gespräch andauern zu lassen, auch wenn man sich nicht sehr gut versteht. Eines Tages kam ein Mann, der sieben Botschaften an die sieben Gemeinden sandte. Und man nannte es die Apokalypse. Der Mann hatte den Befehl erhalten: Was Du siehst, das schreibe in ein

Buch und schicke es an die sieben Gemeinden. Als sich der Mann umwandte, um zu erfahren, welche Stimme ihm diesen Befehl erteilt hatte, sah er inmitten von sieben goldenen Leuchtern, mit sieben Sternen in der Hand, jemanden, aus dessen Mund „ein scharfes und doppelschneidiges Schwert" ragte, und der ihm unter anderem sagte: „Ich bin der Erste und der Letzte".

Der Name des Mannes, zu dem er sprach und der mit den sieben Botschaften beauftragt wurde, war Johannes.

Nachwort des Übersetzers
„Apocalypse now"
Der Wahrheitsbegriff der Postmoderne?

Als Francis Coppola im März 1976 begann „Apocalypse now" zu drehen, wollte er einen Film machen über einen Krieg, der in die Geschichte eingegangen ist als der *erste Krieg des Rock'n'Roll und der Drogen.* Nach Beendigung der Dreharbeiten sagte er, wie seine Frau in ihrem Tagebuch festhält, „im nachhinein glaube er, er hätte jeden beliebigen Film drehen können, sogar einen Film über Mickymaus, und es wäre das gleiche dabei herausgekommen".

Der „Sprung" hätte zynischer nicht ausfallen können, und dennoch ist er nicht abwegig. Vietnam, Rock'n'Roll, Drogen, Mickymaus ... verbindet eine gemeinsame Struktur, ein gemeinsamer Ton, über den Jacques Derrida spricht, indem er einen weiteren „Sprung" macht, eine – wie es philosophisch heißt – „metabasis eis allo genos", die ihn über etwas sprechen lässt, was dem anfangs Genannten am fernsten zu liegen scheint: über *Aufklärung.*

Was aber hat Aufklärung mit Vietnam, mit Napalm-Bombardements, Rock-Musik, Drogen, Mickymaus und – um die Kette in eine aktuelle Richtung fortzusetzen, die Derrida einschlägt – mit „cruise missiles", atomaren Interkontinentalraketen, „pershings" ... zu tun?

Die Antwort, die Derrida gibt, ohne freilich diese Frage so zu stellen, ist wiederum „springend“, ohne den Kontext zu verlassen: Die *Apokalypse* ist das „tertium comparationis“ all dieser Phänomene, der Name der Apokalypse, was in einem weiteren, dem „Urwort“ verpflichteten Sinne besagt: der Wille zur Enthüllung, zur Offenbarung, zur Aufklärung eines im Dunkeln Verborgenen. Mit der Aufklärung dieser im Namen der Apokalypse aufgehobenen Tradition von Aufklärung ist Derrida der *Coup* gelungen, eine der bestgehütetsten Grenzen des abendländischen Denkens zu überschreiten: die Grenze zwischen dem *Rationalen* und dem *Irrationalen.* Er fügt damit der *Dialektik der Aufklärung* ein weiteres, ein erhellendes, ein aktuelles Kapitel hinzu, das den Kern der Sache, den Wahrheitsbegriff selbst trifft.

Dabei ist der Weg, den Derrida hierbei beschreitet, zunächst naheliegend, nämlich in der *Etymologie* des Wortes Apokalypse selbst vorgezeichnet. Sie erlaubt ihm zugleich, das Reden über die Apokalypse zu einer „Apokalypse“ des eigenen Werkes werden zu lassen.

Denn letztlich ist es die immer wiederkehrende Frage, die sich auch hier in den verschiedensten, metaphysischen, linguistischen, philologischen, theologischen, musiktheoretischen, politischen et cetera Zusammenhängen erneut stellt: *Wie dieselbe Bewegung der Bedeutung im Verfolgen ihrer eigenen Bahn beim Gegenteil ihrer selbst ankommt, ohne dennoch – infolgedessen – beim ursprünglich Vorgezeichneten eigentlich anzukommen?*

Das Thema der Apokalypse bietet der Entfaltung dieser Antinomie einen geeigneten Raum, wird in der Geschichte seines Begriffs doch das allerunschuldigste Unternehmen der „Aufklärung“ zum *Katastrophen-*

inbegriff planetarischen Ausmaßes. In einem Fragment der *Philosophischen Lehrjahre* verdichtet Friedrich Schlegel diese Ambiguität paradigmatisch zur Rede vom „*Fest aller Feste*", in dem sich die Bestimmung des Menschen, „sich selbst zu zerstören", rückhaltlos erfülle: „Was nicht Erinnerung an die goldene Zeit ist, ist nur angelegt auf den einen großen Moment der Selbstzerstörung in Masse; das ist das Fest aller Feste." Schlegel spricht hier von der apokalyptischen Offenbarung des jüngsten Tages als einer restlosen Destruktion in einem Ton, der sich die festliche Stimmung durch kein Grauen vor diesem Ende trüben lässt. Die beiden entgegengesetzten Wertigkeiten der Apokalypse – das Moment der *Erkenntnis* und das des *Untergangs* – scheinen versöhnt nebeneinander zu stehen, ja einander zu bedingen und das, bedenkt man den historischen Stellenwert des Schlegel-Zitates, als Vollendung dessen, was bei Kant „Aufklärung" heißt. Es lässt sich etwas vernehmen wie eine *Aufklärung der Aufklärung*, eine Aufklärung der auf sich selbst bezogenen Aufklärung der „reinen" und „praktischen" Vernunft durch die *ästhetische Theorie*, die im medialen Reflex des Kunstwerkes vom „Onanismus der reinen-unreinen Vernunft" (Herder) erlöst. Aber es war nicht das Prärogativ der Romantik, die „*Furie des Verschwindens*" als „ultima ratio" von Aufklärung zu erkennen und zu affirmieren: Es war überhaupt – wie Heidegger formuliert – die „*Leidenschaft der Seinsenthüllung*", aus der der Geist der Metaphysik geboren ward und der zu Folge er auf der Suche nach dem autonomen Selbst der eigenen Preisgabe oder Überwindung heroisch ins Auge blickte.

Der Rekonstruktion dieser hier verkürzt angespielten Dialektik der Aufklärung widmet Derrida zuerst in seinem

Essay *Von einem neuerdings erhobenen apokalyptischen Ton in der Philosophie* eine exemplarisch *doppelte Lektüre*: zum einen eine Lektüre desjenigen gleichsam kanonischen Textes, der mit seiner eschatologischen Apophantik die Bibel beschließt und das abendländisch-christliche Geschichtsverständnis bestimmt; zum anderen eine Lektüre desjenigen Aufklärungspamphlets, das mit den Waffen einer Sinngebung aus subjektiver Vernunft gegen die Sinnlosigkeit jener Teleologie des ganz Anderen zu Felde zieht. Und auch das Ergebnis dieser „Relektüre" der Offenbarung des Johannes und der Kantischen Erklärung gegen Mystagogie ist ein doppeltes: Recht hat weder der *Prophet der finalen Authentizität* noch der *Polizist der apriorischen Autonomie!* Beides Mal gilt es vielmehr, die nämliche Engführung der grundlegenden Fragestellung zu einer Letztentscheidung wiederzuerkennen, wo doch geschichtlich die Entscheidung nicht aufhört, sich nicht zu entscheiden. Mit der Unnachgiebigkeit des beiden Seiten gemeinsamen Anspruches auf die alleinige und letzte Wahrheit – beziehungsweise auf den exklusiven Zugang zu ihr – wird das Enthüllen von Wahrheit zu einem Endzeitmechanismus.

Diesem metaphysisch-eschatologischen Dogma gegenüber denkt Derrida radikal *Wahrheit* und *Zeit* zusammen, was für ihn dann heißt, dass das „Fest aller Feste" nicht stattfindet, weil es immer schon statt hat, in der Rede selbst, ja, mehr noch, als – wie Derrida sicherlich mit nicht unironischem Seitenblick auf Kant formuliert – *transzendentale Bedingung* des Redens über Wahrheit. Diese lässt sich aber nicht mehr begründend einholen, sondern weil sich Wahrheit schon offenbart hat und noch offenbart, kann sie auch verfehlt werden, ohne zur Unwahrheit zu werden.

Anders gesprochen gibt Derrida die *Zeitlichkeit der Wahrheit* zu bedenken, die nirgends besser zum Ausdruck kommt als im Aktus des Enthüllens, der Apokalypse selbst. Die beiden von ihm analysierten Diskurstypen der Stillstellung der Zeit der Wahrheit zur *mystischen Inspiration* oder zur *rationalen Legitimität* repräsentieren zugleich aber den geschichtlichen Gegensatz von *Mittelalter* und *Neuzeit*. Indem Derrida sie des gemeinsamen Interesses überführt, den diskursiven Status überwinden und eine Entscheidung im Realen erzwingen zu wollen, thematisiert er auch jene brisante geschichtsphilosophische Frage nach der *Moderne* beziehungsweise nach der „Aporie" ihres „Ereignisses", das in der Bewertung des *Wissens* nicht wesentlich mit der mittelalterlichen Bewertung des *Glaubens* bricht. Spezifisch modern mag es sein, wie Wagners Wotan zu sagen: „Nur eines noch will ich, das Ende!" Aber darin hallt nicht nur der moralische Rigorismus einer Aufklärung des „Endes aller Dinge" wider, sondern auch die chiliastische, millenarische Unruhe, die von der christlichen Antike bis zur Neuzeit einem Wahrheitsbegriff gegenüber erlebt wurde, der *immer nur das eine* will.

Solange Wahrheit auf dem Anspruch beharrt, individuelles Allgemeines zu sein, unterliegt sie der Dialektik der Apokalypse, und darin ist die Moderne nicht wesentlich vom Mittelalter unterschieden. Dass dieser Wahrheitsbegriff aber für die Gegenwart seine exklusive Geltung eingebüßt hat, exemplifiziert Derrida nicht zuletzt in dem zweiten Essay *No Apocalypse, not now*. Derrida vermeidet die Wendung von der Postmoderne, aber er legt bündig dar, dass, was immer unter ihr zu verstehen sein wird, der in der Moderne noch geltenden Apokalyptizität entgeht. Damit ist ein zweites aufschlussreiches Missverständnis – neben dem einer Selbstlegitimation von Aufklärung – benannt: das *präapokalyptische* Drama des Atomzeitalters. Auch hier folgt Derrida seiner These, der zufolge das „apocalypse now" seinen Wahrheitswert eingebüßt hat: Unser Zeitalter ist *postapokalyptisch*, insofern auch die atomare Apokalypse immer schon stattgefunden hat – in den Texten, den Medien, den Simulationszentren et cetera, die voll sind von ihrer sinnlich anschaulichen Präsenz. Als reale Zündung aber der Overkill-Arsenale findet sie *nicht statt*, weil keine Szene und kein Publikum mehr bliebe, wo und für das sie stattfände.

Man könnte dies für einen extremen *Nominalismus* halten, aber ist dies nicht die Wahrheit dessen, was vorerst Postmoderne genannt werden könnte, nämlich dass keine Wahrheit ist, sondern nur *Wahrheiten*, Effekte des apokalyptischen Geschehens? Dessen *Medium* aber – weniger der Wahl als der *technischen Bedingung* – ist der *Film*. Francis Coppola hat in seinem Film über den Vietnamkrieg gezeigt, in welchem Maße das so genannte „reale" Kriegsgeschehen von seinen medialen Simulationen nicht mehr zu unterscheiden ist. Das aber erlaubt, die gleiche Wahrheit auch durch einen Mickymaus-Film zu offenbaren. Andere Filme danach haben die Entstehung, die Durchführung und sogar den „day after" des Atomkrieges stattfinden lassen – anschaubar, nachvollziehbar, wiederholbar. Für die Apokalypse ist damit der Reiz des Realen geschwunden. Für die Wahrheit im Zeitalter ihrer technischen Reproduzierbarkeit aber heißt es vielmehr anders als im Zeitalter der Mystagogie und der Aufklärung: „Relax, if you want (it) to come"!

Michael Wetzel

Anmerkungen des Übersetzers

Von einem neuerdings erhobenen apokalyptischen Ton in der Philosophie

1 Das hebräische Wort *gala'* vereinigt zwei Bedeutungsfelder, wobei sich Derrida vor allem auf das erste bezieht: aufdecken, entblößen (ein Körperteil, aber auch ein Geheimnis), ein (Geheim) Schreiben (öffentlich) bekannt machen, etwas klar machen, beziehungsweise klar werden, jemandem die Augen oder Ohren öffnen; daneben bedeutetes: fortgehen, in die Verbannung gehen (vgl. Hebräisches und aramäisches Lexikon zum alten Testament, ed. W. BAUMGARTNER, Leiden 1967[3], 183 f.).

2 Das französische Wort *thème* bedeutet außer „Thema" auch: „Übersetzung", und zwar in eine andere Sprache.

3 Vgl. Walter BENJAMIN, Die Aufgabe des Übersetzers, Gesammelte Schriften, Bd. 4, Frankfurt 1972.

4 Im Original sowohl deutsch als auch französisch als Zitat gekennzeichnet. Die deutsche Referenz verweist natürlich auf Martin HEIDEGGER (vgl. u. a.: Zur Seinsfrage, in: Wegmarken, Frankfurt 1976, 419). Das französische Zitat aber gilt der Erinnerung an die Übernahme dieses Topos durch Emanuel LEVINAS (vgl. L'„il y a", in: Ethique et infini, Paris 1982; zum Verhältnis zu Heideggers „es gibt": Difficile liberté, Paris 1976, 407 ff.). Zu beachten ist auch die Homophonie von *don* und *ton* im Titel.

5 Derrida spielt hier auf die insbesonders von Geoges Bateson entwickelt Theorie einer Schizophrenie erzeugenden Kommunikationssituation an (vgl. Georges BATESON u. a., Schizophrenie und Familie, Frankfurt 1975).

6 Derrida spielt hier auf eine Wortanalyse Heideggers an, der in: Was heißt Denken?, Tübingen 1971, 91 f., auf den Zusammenhang von Denken und Danken zu sprechen kommt.

7 Der vorliegende Essay von Derrida wurde in einer ersten Fassung als Vortrag auf einem Kolloquium gehalten, das Philippe LACOUE-LABARTHE und Jean-Luc NANCY vom 23. Juli bis zum 2. August 1980 in Cerisy-la-Salle über die Arbeit Derrdas veranstalteten (vgl. auch die Akten: Les fins de l'homme. A partir du travail de Jacques Derrida, Paris 1981).

8 *La croyance même* ist der Titel des Vortrages von Luce IRIGARAY auf dem Kolloqium über Derrida (wie Anm. 7).

9 Derrida spielt hier mit den Wörtern „geben" (*donner*) und „vergeben" (*pardonner*).

10 Die deutsche Wiedergabe kann nur eine vorläufige Entscheidung darstellen, die willkürlich das Oszillieren zwischen Ent*hüllen* und speziell Ent*schleiern* bei dem französischen Wort *devoiler* ebenso unterbricht wie das von Ent*hüllen* und *Offenbaren* bei *révelèr*.

11 Schamteile.

12 Vgl. Immanuel KANT, Von einem neuerdings erhobenen vornehmen Ton in der Philosophie. Werke, ed. Wilhelm WEISCHEDEL, Bd. 6, Wiesbaden 1958.

13 Das französische Wort *genre* bezeichnet nicht nur die Gattung im weitesten und das Genre im engeren Sinne, sondern vor allem auch, was im folgenden immer wieder mitschwingt, das Geschlecht.

14 Immanuel KANT, Ton, 386, im Original deutsch.

15 Ebenda 396, im Original deutsch.

16 Kant hat diese Übertragung (*par figure* heißt es im Original) bekanntlich unter dem Stichwort der „Hypotypose" im 59. Paragraphen der „Kritik der Urteilskraft" abgehandelt.

17 *Hauteur* ist hier neben der buchstäblichen Bedeutung von Höhe mehr im übertragenen Sinne von Vornehmheit, Hochmut, ja selbst Unverschämtheit (das deutsche Wort Hochnäsigkeit greift die räumliche Bildlichkeit ebenfalls auf) zu verstehen. Das gilt im folgenden ebenso für das Verb (*hausser*), so dass *hausser le ton* nicht bloß heißt „die Tonhöhe steigern", sondern vor allem „unverschämt werden".

18 Derrida spielt im ganzen Text mit der Doppeldeutigkeit des Wortes *la fin*, das „Ende/Tod“, aber auch „Zweck/Ziel“ bedeutet.
19 Immanuel KANT, Ton, 377, im Original deutsch.
20 Siehe Anm. 18.
21 „Striktur“ bezeichnet medizinisch die Verengung von Körperkanälen.
22 Das französische Wort *tonique* kann zwar auch „tonal“ bedeuten, ist hier aber im Sinne von „tonisch“ zu verstehen, das heißt im medizinischen Sinne die Spannkraft (von Gewebe oder Muskeln) betreffend.
23 Derrida spielt hier auf sein Buch: Glas, Paris 1974, an. Glas heißt „Totenglocke“ und dient zugleich zu dem Wortspiel: *sonner le glas*, das heißt das „letzte Stündlein“ schlagen beziehungsweise, im häufig gebrauchten theoriegeschichtlichen Sinne, „das Ende einer Idee, Epoche oder Institution einläuten“.
24 Vgl. Friedrich HÖLDERLIN, Wechsel der Töne. Sämtliche Werke, Stuttgart 1972. Der Ausdruck „Wechsel der Tonart“ ist auch von entscheidender Bedeutung in Martin HEIDEGGER, Der Satz vom Grund, Pfullingen 1957, 95 ff. et passim.
25 Jacques DERRIDA, Die Postkarte. Von Sokrates bis an Freud und jenseits, I. Lieferung, Berlin 1982.
26 Immanuel KANT, Ton, 377, im Original deutsch.
27 *Commun* heißt „gemeinschaftlich“ und zugleich „gewöhnlich“ (im Sinne von alltäglich, üblich).
28 „Agogisch“ meint hier die in myst-agogisch oder pädagogisch usw. anklingende Bedeutung des „Führens“, „Lehens“, weist daneben aber auch die musiktheoretische Konnotation der freien und individuellen Gestaltung des Tempos auf.
29 Immanuel KANT, Ton, 377.
30 Ebenda, 378, im Original deutsch.
31 Ebenda, im Original deutsch.
32 Ebenda 383, im Original deutsch.
33 Vgl. den von Jean-Luc NANCY auf dem Kolloquium gehaltenen Vortrag: La voix libre de l'homme, in: Les fins de l'homme. A partir du travail de Jacques Derrida, Paris 1981.
34 Immanuel KANT, Ton, 383.
35 Ebenda 394, im Original deutsch.

36 Derrida bezieht sich hier auf die von John Langshaw AUSTIN getroffene Unterscheidung zwischen den konstativen und den performativen Sprechakten (vgl. Zur Theorie der Sprechakte, Stuttgart 1972, 161 f.).

37 Immanuel KANT, Ton, 383, im Original deutsch.

38 Ebenda 378, im Original deutsch.

39 Ebenda 396, im Original deutsch.

40 Vgl. William WARBURTON, Versuch über die Hieroglyphen der Ägypter. Mit einem Beitrag von Jacques DERRIDA, Frankfurt 1980.

41 „Delirieren" leitet sich von *delirare* ab = *de lira (ire)* = „von der Furche/Spur abweichen", greift also den Gehalt des Entgleisens wieder auf.

42 Immanuel KANT, Ton, 382; der Herausgeber gibt folgende Übersetzung: „Ein Narr fragt, was selbst Homer nicht beantwortet."

43 Immanuel KANT, Ton, 386, im Original deutsch.

44 Ebenda 392, im Original deutsch.

45 Ebenda 393, im Original deutsch.

46 Ebenda 386, im Original deutsch.

47 Französisch *dossier* hat u. a. die Bedeutungen: Rückenlehne, Rückwand, Aktendeckel, Sammelmappe, auch Strafregister (vgl. die Anmerkung des Übersetzers von: Die Postkarte, Hans-Joachim METZGER, wie Anm. 25, 321).

48 Derrida spielt hier auf die Postkarte an mit dem Bild von Sokrates und Platon, die die Sendungen von „Die Postkarte" emblematisch rahmt.

49 *Do* bezeichnet im Französischen auch die Musiknote C, die erste auf der C-Dur-Tonleiter.

50 Vgl. Die Postkarte, 18.

51 *Lettres* sind Briefe und Buchstaben.

52 Immanuel KANT, Ton, 387, im Original deutsch.

53 Vgl. Immanuel KANT, Die Religion innerhalb der Grenzen der bloßen Vernunft, Werke (wie Anm. 12) Bd. 8, 801.

54 Vgl. Immanuel KANT, Werke (wie Anm. 12) Bd. 11, 353 (wo von der sogenannten terroristischen Vorstellungsart der Menschengeschichte die Rede ist).

55 Derrida bezieht sich hier auf ein Nietzsche-Zitat, das im Mittelpunkt seiner in Erinnerung gebrachten Ausführungen

zum Stil Nietzsches (La question du style) auf der Tagung *Nietzsche aujourd'hui* in Cerisy-la-Salle 1972 stand (vgl. Nietzsche aujourd'hui, Bd. 1, Paris 1973, 280).

56 Vgl. Jacques DERRIDA, Glas. Aus dem Französischen von Markus SEDLACZEK und Hans-Dieter GONDEK, München 2006. und: Economimesis, in: Sylviane AGACINSKI u. a., Mimesis des articulations, Paris 1975.

57 Immanuel KANT, Ton, 388, im Original deutsch.

58 Ebenda 389, im Original deutsch.

59 Ebenda 388.

60 Vgl. Friedrich NIETZSCHE, Ecce Homo, Werke, Bd. 2., ed. SCHLECHTA, München 1969, 1149.

61 Immanuel KANT, Ton, 389 f.

62 Derrida spielt hier auf Edgar Allen Poes Erzählung „The purloined Letter" (Der entwendete Brief) an, wo der Brief unauffindbar gemacht wird, indem er „gewendet worden war wie ein Handschuh" (POE, Das Gesamtwerk, Bd. 1, Olten 1966, 941).

63 Immanuel KANT, Ton, 389 f.

65 Vgl. Immanuel KANT, Kritik der reinen Vernunft, A VIII, im Original deutsch.

65 Vgl. Sigmund FREUD, Gesammelte Werke, Bd. 13, Frankfurt 1969, 297.

66 Derrida spielt hier auf Lacans Aufsatz „Das Drängen des Buchstabens im Unbewussten oder die Vernunft seit Freud" an (Jacques LACAN, Schriften, Bd. 2, Olten 1975).

67 Vgl. Sigmund FREUD, Jenseits des Lustprinzips, Gesammelte Werke, Bd. 13, London 1940, 14, im Original deutsch.

68 Immanuel KANT, Ton, 391, im Original deutsch.

69 Ebenda 396 f.

70 Ebenda 383.

71 Ebenda 395 f.

72 Es darf nicht vergessen werden, dass Subjekt schon von seiner lateinischen Wurzel her zunächst „Unterworfenes" heißt.

73 Siehe Anm. 23.

74 Vgl. Friedrich HÖLDERLIN, Werke und Briefe, Bd. 1, ed. BEISSNER/SCHMIDT, Frankfurt 1969, 183.

75 Ebenda 176.

76 Vgl. Martin HEIDEGGER, Einleitung zu: Was ist Metaphysik, in: Wegmarken, Frankfurt 1976, 367.

77 Vgl. Martin HEIDEGGER, Der Spruch des Anaximander, in: Holzwege, Frankfurt 1963, 302.

78 Paris 1957.

79 Friedrich NIETZSCHE, Oedipus. Reden des letzten Philosophen mit sich selbst. Ein Fragment aus der Geschichte der Nachwelt. Nachgelassene Fragmente. Kritische Gesamtausgabe der Werke, ed. COLLI/MONTINARI, Berlin 1967 ff., Bd. 3, 48 f.

80 Im Französischen liegt hier ein Wortspiel von *surprendre* und dem Ausdruck: *prendre au premier mot*, „beim ersten Wort nehmen", vor.

81 Vgl. Philippe LACOUE-LABARTHE, Au nom de . . ., in: Les fins de l'homme (wie Anm. 7).

82 Maurice BLANCHOT, Der Wahnsinn des Tages, Berlin 1979, 14.

83 Das französische Wort *speculer* hat einen ökonomischen, einen optischen und einen logischen Sinn.

84 Hier steht das Wort *différentiel*, abgeleitet von *différance*. Im Bezug auf den Derrida'schen Begriff *différance* folgen wir bei Passagen der Übersetzung von Rodolphe GASCHÉ, der dazu (in: Jacques DERRIDA, Die Schrift und die Differenz, Frankfurt 1976, 99) folgende Anmerkung macht: „Der Begriff ‚différance' lässt sich nicht ins Deutsche übertragen. Er bezeichnet die die Differenzen erzeugende ‚Tätigkeit' und gleichzeitig die Verzögerung und den Aufschub der Präsenz, die durch diese Erzeugung bewirkt wird. Die ‚différance' ist folglich die substantivierte Form der beiden Verben ‚différencier' (Unterschiede setzen) und ‚differer' (aufschieben)." (Anmerkung des Herausgebers).

85 *Révélateur* bedeutet in der photographischen Metaphorik auch Entwickler.

86 Die Unterscheidung zwischen einer formalen und einer apophantischen (enthüllenden) Wahrheit ist von Edmund HUSSERL in die Logik eingeführt worden (vgl. Formale und transzendentale Logik, Den Haag 1974).

87 Hebräische Bezeichnung für die Nicht-Juden, besonders für die Christen.

88 Derrida spielt hier auf „Finnegans Wake" von James JOYCE an.

89 Das hebräische Wort *'adon* bedeutet „Herr"; in der Ableitung *adonai*: „Gott".
90 Der Ausdruck *sur la ligne* spielt zugleich mit der anachronistischen Bildlichkeit der Telephonleitung, in die mehrere Sprechpartner eingeschaltet sind.
91 Die Formel *à partir* verweist unterschwellig auf den Untertitel des Gesamt-Kolloquiums: A partir du travail de Jacques Derrida.
92 *Scène* wurde hier nicht, wie im vorhergehenden, mit Szene übersetzt, sondern mit Schauplatz, um die Assoziation zu dem hierfür relevanten früheren Essay Derridas über Freuds Schriftbegriff herzustellen (vgl. Freud und der Schauplatz der Schrift, in: Die Schrift und die Differenz, Frankfurt 1976).
93 Das französische Wort *pli* bedeutet „Falte, Knick, Bruch», aufs Papier bezogen auch „Briefumschlag", topologisch „Verwerfung, Falz, Schicht, Lage", sowie übertragen (beim Kartenspiel) „Stich", aber auch „Gewohnheit". Die Übersetzung mit „Einfaltung" wäre als Interlinearversion all dessen anzusehen.
94 Vgl. Anm. 13.
95 Das entsprechende Wort *colonnes* bezeichnet primär Säulen, was Derrida bildlich mit der genannten Erschütterung aufnimmt. In der Bedeutung von Spalte ist hier die spezifische Textgestaltung von Glas gemeint, wo zwei Texte, einmal über Hegel und zum anderen über Genet, auf einer Seite nebeneinanderstehen, was im deutschen Sprachraum ja durch die Bücher Arno Schmidts zur Genüge vertraut ist.
96 Vgl. Jean GENET, Das Totenfest (pompes funèbres), Hamburg 1976.
97 Anagrammatisch heißt das zugleich: *savoir absolu*, das heißt Hegels absolutes Wissen, mit dem sich Derrida in Glas auseinandersetzt.
98 Der Ausdruck *faire de soi une bouchèe* bedeutet zugleich „mit sich schnell fertig werden".
99 Man beachte hier die Homophonie von *mors* (Gebiss) und *mort* (Tod).
100 *Bander* heißt: binden, verbinden, anspannen, und vulgär, wie übrigens auch im Deutschen, „spannen" als erigieren.
101 Vgl. Glas (wie Anm. 23) 222.

102 Hier: *mouvement*, was zugleich auf die musikalische Bedeutung hinweist.

103 Vgl. Martni HEIDEGGER, Nietzsche, Bd. 2, Pfullingen 1961, 481 ff.; im Original deutsch.

104 Vgl. Anm. 28; anagogisch hat die logische Bedeutung der umgekehrten Deduktion, die zu immer höheren Gründen führt, und die gebräuchlichere theologische Bedeutung: die Eingeweihten zur Schau des Göttlichen hinaufführend.

105 Das französische Wort *duction* steht gleichsam zwischen „Duktus" und „Diktion", was in „Führungsstil" vielleicht noch am treffendsten zum Ausdruck kommt.

106 Zugleich bedeutet *derive* auch „Abweichung, Abdrift".

107 Vgl. Anm. 83.

108 Im Original deutsch; Derrida denkt hier an den Zusammenhang der Heidegger'schen Ableitung des Wortes (vgl. Martin HEIDEGGER, Zur Seinsfrage, in: Wegmarken, 413 ff., und: Der Satz vom Grund, 108 ff.), die bereits „Die Postkarte" durchzieht (vgl. ebenda 80 ff.).

No Apokalypse, not now (full speed ahead, seven missiles, seven missives)

1 Da es nicht unwichtig ist, dass der Vortrag Derridas in Amerika gehalten wurde und er sich zentral mit dem amerikanischen Phänomen einer „Neo-Apokalyptizität" auseinandersetzt, wurde der englische Titel mit seiner Anspielung auf eines der vielleicht bekanntesten Dokumente dieser Apokalyptizität belassen. Das Gleiche gilt für den Neologismus *Missile*. Eine Übersetzung durch das deutsche Wort „Wurfgeschoß" hätte den Zusammenhang mit der aktuellen Diskussion um jene berühmt berüchtigten „cruise missiles" zum Verblassen gebracht. Um die Homophonie zu wahren wurde desgleichen im Text der im Deutschen veraltete Terminus *Missive* („Sendschreiben", „Botschaft") beibehalten.

2 *Course de vitesse* heißt eigentlich: Kurzstrecken-Wettlauf.

3 Englisch im Original. Bei der Übersetzung der englischen Zitate wurde so verfahren, dass Ausdrücke, die, wie hier, die Funktion

von „termini technici“ haben, im englischen Original belassen wurden.

4 *Guerre de vitesse* lässt hier entsprechend der partiven Funk-tion des *de* die doppelte Übersetzung als „Geschwindigkeitskrieg“ (den die Geschwindigkeit führt) und als „Krieg um die Geschwindigkeit“ zu.

5 Englisch im Original. Bei diesem Topos, der zugleich Thema des gesamten Kolloquiums war, sei darauf hingewiesen, dass *nuclear*, was im Deutschen fortlaufend mit „atomar“ wiedergegeben wird, zugleich mit der etymologischen Bedeutung von „kernhaft“ spielt. *Nuclear criticism* kann also neben „atomarer Kritizismus“ auch „KernKritizismus“ heißen.

6 *Bi-millénariste*, was die alte chiliastische Vorstellung vom Ende der Welt an der Jahrtausendwende für das Jahr 2000 neu belebt.

7 Derrida meint hier Kants Aufsatz: Der Streit der Fakultäten.

8 Siehe oben: Von einem neuerdings erhobenen apokalyptischen Ton in der Philosophie, 30 f.

9 *Ergänzung des Autors:* „Anspielung auf einen wenige Tage zuvor an derselben Universität, wo Derrida jährlich als A. D. White, ‚Professor-at-large‘ eingeladen wird, gehaltenen Vortrag. Der Vortrag handelte unter dem Titel, Psyche. Inventions of the other insbesondere von der *Psyche* als Spiegel. *Psyche* ist im Französischen auch die Bezeichnung für einen besonderen Drehspiegel.“

10 Derrida spielt hier mit der Äquivozität des Wortes, das „Gift“ und „Heilmittel“ zugleich bedeutet (vgl. Jacques DERRIDA, La pharmacie de Platon, La dissémination, Paris 1972).

11 Beide Ausdrücke als Neologismen aus Missile und Missive abgeleitet (s. dazu Anm. 1).

12 Jacques DERRIDA, Grammatologie, Frankfurt 1974.

13 *Critique* hat im Französischen oft die Nebenbedeutung von „Literaturwissenschaft“.

14 Martin HEIDEGGER, Der Satz vom Grund, Pfullingen 1957.

15 Martin HEIDEGGER, Was heißt Denken? Tübingen 1971.

16 Anspielung auf Stéphane MALLARMES Gedicht: „Ein Würfelwurf niemals auslöscht den Zufall.“

17 Deutsch im Original: Anspielung auf Heidegger, vgl. Der Satz vom Grund (wie Anm. 14) 108 ff., 158 ff.

18 Verweis auf: Die Postkarte, 1. Lieferung: Sendungen, Berlin 1982.

19 Siehe Anm. 9.

20 *Terme* kann hier nicht nur „Terminus/Ausdruck“ bedeuten, sondern auch „Abschluss“, „Grenze“, „Frist“.

21 In: Martin HEIDEGGER, Wegmarken, Frankfurt 1976, 122.

22 Anspielung auf Kants Aufsatz: Zum ewigen Frieden. Ein philosophischer Entwurf.